GUIA DE CINEMA 2017

WALDEMAR DALENOGARE NETO

Guia de cinema 2017
Waldemar Dalenogare Neto.
Porto Alegre: DBooks, 2018.

Primeira Edição

Dalenogare Neto, Waldemar. autor.
Guia de cinema 2017/ Waldemar Dalenogare Neto
    ISBN: 1985132133
1. Cinema 2. Crítica cinematográfica. I. Título

Copyright © 2018 Waldemar Dalenogare Neto

Todos os direitos reservados

ISBN: 198638621X
ISBN-13: 978-1986386210

Apresentação: os filmes de 2017

Vamos nos encaminhando para a terceira edição anual do Guia de Cinema. Fiquei extremamente feliz pela repercussão positiva dos dois primeiros livros, que tiveram bons números de venda. Acredito que o leitor valorize o livro nas mãos – e também saiba que todos os royalties que recebo anualmente são repassados para instituições de caridade.

Nos dois primeiros anos, no entanto, apenas compilei as críticas no livro, sem apresentação. Recebi e-mails de leitores pedindo um diferencial, até mesmo para incentivar a compra do livro. Decidi, portanto, escrever algumas palavras sobre o cinema em 2017 e as pespectivas e desafios para o futuro.

2017 foi um ano controverso. Tivemos ótimos índices de bilheteria em bocado de filmes. No entanto, as vendas de ingressos no cinema diminuíram e igualaram o recorde negativo de 1992 nos Estados Unidos.

O que está acontecendo? Os filmes são ruins?

Não! A reinvenção é necessária para superar obstáculos. O que seria do cinema sem a sala de cinema? Nos Estados Unidos, um grupo de cineastas independentes defendem a aproximação imediata dos pequenos produtores com serviços de streaming como Netflix e Amazon. Acreditam que, desta forma, conseguiriam dinheiro para tirar do papel um bocado de projetos de grande interesse que não conseguem financiamento por falta de viabilidade.

É fato. O cinema independente, especialmente nos Estados Unidos, cresce muito graças aos serviços de streaming. Mas o cinema, de modo geral, não pode virar refém de Amazon. Netflix ou qualquer outra companhia.

A discussão que tomou conta de 2017 e que certamente criará polêmica nos próximos anos está na data de lançamento dos filmes em home vídeo (seja Blu-Ray ou on demand). Várias produtoras pequenas pedem por uma diminuição do prazo para o filme sair de cartaz nos grandes circuitos e chegar aos lares (em média 2 meses).

Eu gosto de analisar o festival de Sundance, pois ele nos mostra como o cinema caminha. No ano de 2017, o vencedor do prêmio principal foi I Don't Feel at Home in This World Anymore, de Macon Blair. Foram várias propostas de distribuidoras para levar o longa as telas do cinema. Mas a Netflix chegou com mais dinheiro e lançou o filme em sua plataforma menos de um mês após o final do festival. Resultado: pouca visibilidade. Parece que a comunidade do cinema estadunidense simplesmente descartou este filme por não ter estreado nas salas de cinema.

Esse caso mostra como é difícil encontrar uma solução para tal problema. Alguns produtores estão optando por vender direitos separados – ou seja, lançar o filme no cinema dentro dos EUA, até para demonstrar sua relevância – e vender para serviços de streaming no mercado internacional.

É uma solução inteligente para o contexto atual, mas que não deve durar muito tempo. Cada vez mais a Netflix se firma como uma gigante do mercado – e sem sombra de dúvidas coloca como prioridade buscar prêmios grandes do cinema como Oscar, Globo de Ouro ou BAFTA.

Temos, portanto, um conflito: até que ponto Hollywood aceitará dividir lançamentos com os serviços de streaming. A Academia exige o lançamento nas salas de cinema para competir no Oscar (ainda que limitado). Mas o esnobe histórico de Beasts of No Nation no Oscar 2016 – onde Idris Elba perdeu o prêmio de melhor coadjuvante por uma visão fechada sobre a arte, mostra que existe muito a ser discutido.

E as bilheterias? O cinema está perdendo espaço para a Netflix? As pessoas estão deixando de ir ao cinema para ficar em casa? Essas perguntas são pontuais e todas as respostas partem de análises completamente subjetivas que compreendem, por exemplo, a própria visão de cinema do autor.

Acredito que Get Out possa nos dar luz para esclarecer alguns tópicos: o longa de Jordan Peele custou pouco mais de quatro milhões de dólares. Estreou em uma sessão secreta em Sundance com um acordo engatilhado com a Universal. Um mês depois, enquanto I Don't Feel at Home in This World Anymore – o filme mais badalado de janeiro – estreava na Netflix e caia no esquecimento, Get Out foi conseguiu uma bilheteria histórica de 33 milhões de dólares em sua abertura e fechou sua trajetória nos cinemas mundo afora com o impressionante número de 255 milhões de dólares arrecadados. Os espectadores querem novidade. Get Out foi um dos filmes que ofereceu ao público um entretenimento incrível com potencial para discussões que chegam até mesmo ao plano político.

Queremos mais filmes como Get Out! A indústria deve se afastar de ideias que outrora eram consideradas investimentos sólidos, com certeza de retorno financeiro. Algumas comédias pastelão fecharam o ano como fracassos completos. Snatched, com Amy Schumer, mal conseguiu pagar as contas de produção; The House, com Will Ferrell e Amy Poehler, nem isso conseguiu.

São tantas opções iguais e com poucas diferenças de narrativa que, em determinados gêneros, o público dá sinais de esgotamento. Em certos casos, a garantir de bons números de bilheteria está vinculada a participação de uma grande estrela do cinema. Baywatch, de Seth Gordon é um bom exemplo. Após um marketing agressivo, conseguiu números interessantes (180 milhões de arrecadação global contra 70 milhões de custo) mesmo apresentando uma das piores histórias do ano. Torna-se evidente que o interesse do público estava ligado aos nomes de Dwayne Johnson e Zac Efron.

Deixando de lado os temas negativos, proponho agora discutir sobre os grandes filmes que ficarão na nossa memória e que ficarão marcados. Sempre quando escrevo a crítica de um filme nota 10 me pergunto como ele envelhecerá. Já citei Get Out, e acredito que no futuro este filme ganhará um status cult fortíssimo por ter coragem de discutir temas complexos, como o racismo, a parir do uso de um humor refinado que parece ter caído em desuso neste novo milênio.

Dunkirk, de Nolan, para mim foi o melhor longa do ano na minha visão, e acredito que no futuro será lembrado pelos grandes efeitos especiais e pela excepcional harmonia entre fotografia e trilha sonora. The Shape of Water marcará época por levar o maior prêmio da temporada e quebrar com o estigma de que a Academia odiava ficção. Mesmo com todas as polêmicas envolvendo plágio que ameaçaram o filme, Del Toro soube apresentar seu filme.

Para os amantes de cinema cult, The Disaster Artist terá um lugar especial. The Room, de Tommy Wiseau é tão ruim que a experiência é agradável. Mantenho a tese de que The Room é um exemplo claro do que chamo de paracinema – o cinema com padrões estéticos e narrativos opostos ao vigente em Hollywood. Neste sentido, James Franco constrói sua comédia contando os bastidores de um filme que ganhou popularidade e notoriedade mundial justamente por suas deficiências.

E os documentários? Quem acompanhou diariamente minhas críticas sabe que 2017 não foi um bom ano por conta da ação das produtoras, que preferiram explorar vários festivais ao redor do mundo antes da assinatura de contratos com serviços de streaming. De fato, 2017 teve lançamentos de sobras de 2016 – e dentre essas o documentário Abacus destaca-se.

Em termos gerais, no entanto, avalio a safra de filmes lançados em 2017 como positiva, ainda que não tenha repetido a força do ano anterior.

Waldemar Dalenogare Ne

SUMÁRIO

1. Os dez melhores filmes de 2017 — **9**

   Críticas de Dunkirk, Lady Bird, Loveless (Sem Amor), The Disaster Artist (O Artista do Desastre), Get Out (Corra!) Call me by Your Name (Me Chame Pelo Seu Nome), The Shape of Water (A Forma da Água), The Florida Project e A Ghost Story

2. Os cinco melhores documentários de 2017 — **29**

   Críticas de Get Me Roger Stone, Abacus: Small Enough to Jail, Icarus, Visages villages e Unacknowledged

3. Outros destaques — **40**

   Críticas de A Ciambra, Baby Driver (Em Ritmo de Fuga), Beauty and the Beast (A Bela e a Fera), Brawl in Cell Block 99, Cars 3 (Carros 3), Coco (Viva: A Vida é uma Festa), Como Nossos Pais, Ferdinand (O Touro Ferdinando), Estiu 1993 (Verão 1993), Good Time (Bom Comportamento), Guardians of the Galaxy Vol. 2 (Guardiões da Galáxia Vol. 2), I, Tonya (Eu, Tonya), John Wick: Chapter 2 (John Wick: Um Novo Dia Para Matar), L'insulte (O Insulto), Logan, Loving Vincent (Com Amor, Van Gogh), Mother! (Mãe!), Mudbound (Mudbound: Lágrimas Sobre o Mississippi), On Body and Soul (Corpo e Alma), Phantom Thread (Trama Fantasma), Roman J. Israel, Esq., Slava/Glory, Song to Song (De Canção em Canção), Star Wars: Episode VIII – The Last Jedi (Star Wars: Os Últimos Jedi) – 2017, T2 Trainspotting, The Breadwinner, The LEGO Batman Movie, The Killing of a Sacred Deer (O Sacrifício do Cervo Sagrado), The Post, The Square, The Wizard of Lies (O Mago das Mentiras), The Zookeeper's Wife (O Zoológico de Varsóvia), Three Billboards Outside Ebbing, Missouri (Três Anúncios Para um Crime), Una Mujer Fantástica (Uma Mulher Fantástica), War Machine e Wonder (Extraordinário)

WALDEMAR DALENOGARE NETO

1. OS MELHORES FILMES DE 2017

Neste capítulo inicial, meu foco é introduzir ao leitor meus dez filmes favoritos de 2016, por ordem crescente.

1.1 Dunkirk

Mais uma vez Christopher Nolan entrega ao público um filme memorável. Dunkirk, baseado na histórica Operação Dínamo, apresenta excelentes passagens que deixam claro o espírito de sofrimento na guerra.

Confesso que fiquei extremamente preocupado com algumas notícias de bastidores, que passavam desde problemas de filmagem até a decisão de mandar para os cinemas um corte de pouco mais de 100 minutos, algo extremamente incomum para um filme com investimento de mais de 100 milhões de dólares.

Basta a primeira cena para que todos os temores fiquem de lado. Após os nazistas avançarem e encurralarem as tropas francesas, belgas e britânicas em Dunquerque, Churchill e os demais líderes militares dos aliados lamentam o estrondoso fracasso. Com o plano inicial de resgatar pelo menos 30 mil homens, em oito dias de operação mais de 330 mil soldados haviam sido resgatados – episódio classificado pelos britânicos como um milagre, dada a superioridade aérea e terrestre dos nazistas.

No filme, acompanhamos três narrativas distintas, que se encontram a partir do drama vivido na costa francesa. Por terra, testemunhamos o desespero do jovem soldado britânico Tommy (Fionn Whitehead), que tenta fazer o possível para voltar para casa o quanto antes; pelo ar, os pilotos da Royal Air Force Collins e Farrier (Jack Lowden e Tom Hardy) tentam eliminar o maior número de aviões nazistas para diminuir os violentos ataques; pelo mar, o Sr. Dawson (Mark Rylance) atende o chamado do governo para cruzar o canal com seu barco, resgatando no meio do caminho um sobrevivente (Cillian Murphy).

O roteiro extremamente inteligente de Nolan não busca dar a falsa impressão de superioridade aliada. Em 1940, a máquina de guerra nazista dominava e assustava a Europa, e é exatamente esse sentimento de incredulidade que é transmitido a cada ataque aéreo alemão. Com a espetacular trilha sonora de Hans Zimmer, os diálogos ficam em segundo plano. O filme tem uma estrutura geral de tanta qualidade que consegue aproveitar ao máximo o silêncio e o barulho dos gritos e dos motores para ilustrar com propriedade o horror da Segunda Guerra Mundial.

Com a maioria das cenas captadas via câmeras IMAX (outras tomadas específicas foram feitas com 70mm e 35mm), Nolan conta com o brilhante trabalho do diretor de fotografia Hoyte Van Hoytema para apresentar um tom acinzentado, deixando claro que não existe beleza em meio a morte.

Dunkirk certamente é um dos melhores filmes desta década, e entrará para a história do cinema como um filme essencial em seu gênero, além de ser o melhor da carreira de Nolan até aqui. Espetacular do início ao fim!

NOTA: 10/10

1.2 Lady Bird

Greta Gerwig é um dos grandes símbolos do cinema independente nos Estados Unidos atualmente. A atriz, diretora e roteirista tem uma visão clara de cinema e escolhe bem seus projetos. Sua filmografia é invejável e esbanja qualidade. Lady Bird (Lady Bird: É Hora de Voar, no Brasil) é apenas seu segundo projeto como diretora, mas mostra evolução e maturidade quando comparado a Nights and Weekends (2008), seu primeiro desafio como realizadora.

Christine McPherson (Saoirse Ronan) é uma adolescente peculiar: com opiniões fortes, tem grande senso de liderança e deixa claro seu desejo de sair de Sacramento para estudar em uma universidade na costa leste. Ela prefere ser chamada de Lady Bird, mas a realidade muitas vezes não soa de acordo com seus desejos: seus planos como atriz são frustrados dentro do próprio colégio, já que não consegue destaque nas peças teatrais; Yale torna-se impossível por conta de suas notas. Para completar, a relação de Lady Bird com sua mãe, Marion (Laurie Metcalf) é extremamente ríspida por conta do choque de duas personalidades fortes.

Gerwig transporta seu espectador para 2002. Sua ideia foi criar um filme memória, que certamente despertará lembranças nas pessoas que tiveram seus anos de juventude na década passada, em um efeito bem semelhante a Boyhood. A grande diferença é que testemunhamos boa parte do ano de Lady Bird, compreendendo suas frustrações – seja no campo pessoal ou amoroso. Saoirse Ronan, em uma atuação memorável, caminha entre o drama e a comédia com uma facilidade incrível, demonstrando seu potencial e talento – que tem tudo para ser coroado com vitórias no Globo de Ouro e no Oscar.

Um fator que torna Lady Bird especial está na excelente estruturação dos arco narrativos. A vida de Bird poderia ser considerada monótona, já que suas preocupações vagam entre escola e futuro, mas temos uma gama tão rica de personagens que em nenhum momento o filme deixa o espectador entediado – muito pelo contrário. Os recortes classificados por Gerwig como "semi-biográficos" contam a relação de Bird com sua melhor amiga (Beanie Feldstein), com a garota mais popular da escola (Odeya Rush) e com seus flertes, um músico (Timothee Chalamet) e um cristão com problemas de identidade (Lucas Hedges).

Lady Bird vem conquistando com extremo merecimento uma coleção de respeitáveis prêmios ao redor do mundo. Espero que a distribuição internacional seja tão boa quanto nos Estados Unidos para que o maior número de pessoas possível tenha acesso a este ótimo filme que merece destaque.

NOTA: 9/10

1.3 Loveless (Sem Amor)

Andrey Zvyagintsev é o melhor diretor russo vivo. Após o poderoso Leviatã, mais uma vez a academia de cinema de seu país reconheceu sua extrema sensibilidade e indicou seu novo filme, Loveless (Sem Amor, no Brasil), para a disputa do Oscar de melhor filme estrangeiro. Mesmo com suas restrições ao governo Putin, Zvyagintsev desbancou o longa favorito do governo – The Age of Pioneers (Vremya pervykh), que trata sobre a corrida espacial.

Mais uma vez o tema é a sociedade russa. Apesar de não ser tão engajado politicamente quanto seu antecessor, a brutal experiência proposta pelo diretor deixa claro o título do filme desde os primeiros minutos, quando analisamos uma criança que não é amada. Alyosha (Matvey Novikov) tem doze anos de idade e vive com seus pais, Boris (Alexey Rozin) e Zhenya (Maryana Spivak), que estão finalizando o divórcio. Ambos já circulam com novos parceiros (ela encontrou um milionário e ele uma jovem, que inclusive está grávida e quer começar uma família com Boris o quanto antes). Entre as trocas de ofensa e discussões, Zhenya sugere enviar seu filho para o orfanato. Esperto e atento a situação, Alyosha simplesmente desaparece, e o casal tem que se unir pela última vez para buscar o garoto.

Novamente Zvyagintsev apresenta um filme tecnicamente perfeito, que poderia ser utilizado tranquilamente como exemplo nas faculdades de cinema. Com tomadas longas, o diretor aposta na primorosa edição para investigar os personagens. O uso do celular, por exemplo, é um forte indicio de como hoje em dia é mais fácil ficar entretido no mundo virtual do que saber lidar com as demandas do mundo real. O fato de uma mãe levar quase dois dias para notar que seu próprio filho fugiu de casa, além de comprovar isso, também coloca em pauta temas do cristianismo e conformismo, além de todas análises secundárias que podem ser feitas a partir do campo material, especialmente no que diz respeito ao dinheiro.

Após sua primeira hora de rodagem, a trama passa a ser exclusivamente voltada para a busca do menino. Neste sentido, os diálogos poéticos ficam de lado e o silêncio ganha muito mais espaço e valor. Através dele, por exemplo, notamos como Zhenya consegue manter uma vida normal mesmo com o desaparecimento da criança. O silêncio também é fundamental para explorar o sentimento de culpa dos pais a cada dia de busca.

O diretor de fotografia Mikhail Krichman certamente já teria em seu currículo pelo menos um Oscar caso a Academia avaliasse todos os filmes de forma igual, sem o peso da nacionalidade. Mais uma vez ele ressalta a qualidade final do trabalho de Zvyagintsev com wide shots bem estruturados. A carcaça de baleia foi a marca de Leviatã, e em Loveless temos um destaque para as árvores carregadas de neve, que tem forte apelo simbólico na trama.

Indicado ao Oscar de melhor filme estrangeiro, Loveless é um dos melhores filmes do ano. Realmente espero que os produtores consigam bons contratos de distribuição para divulgar esse ótimo trabalho e levar o maior número de pessoas as sala de cinema.

NOTA: 9/10

1.4 The Disaster Artist (O Artista do Desastre)

Assistir The Room, de Tommy Wiseau pode ser divertido. A produção de 2003 carrega o título de pior filme de todos os tempos, marca que é abraçada pelo elenco e pelos produtores por conta da narrativa bizarra. Ao analisar friamente The Room, podemos chegar a conclusão de que é um longa produzido e dirigido por alguém que nunca viu um filme do começo ao fim – alguém que criou uma produção sem qualquer fonte clara de inspiração. É interessante notar que nos últimos anos alguns colegas acadêmicos começaram a pensar The Room como um ótimo exemplo para o estudo do paracinema, ou seja, um filme com padrão estético e narrativo fora da curva vigente que aceitamos ser a tradicional (como a de Hollywood). Neste sentido, é compreensível notar o legado cult que cerca The Room e, em menor escala, a própria figura de Wiseau. Para comemorar os dez anos de lançamento de The Room, o ator Greg Sestero lançou o livro The Disaster Artist, contando sua relação com Wiseau e histórias dos bastidores do filme. É a partir dos hilários casos relatados por Sestero que James Franco apresenta The Disaster Artist (Artista do Desastre, no Brasil), comédia de alto nível com distribuição da A24 e Warner.

A garantia de gargalhadas depende, sem sombra de dúvida, do prévio conhecimento de The Room. O filme até trata de explicar a amizade entre Wiseau (James Franco) e Sestero (Dave Franco), mas é no set de The Room que a magia do bizarro acontece. James Franco está espetacular na sua interpretação, e as tomadas apresentadas após o fechamento do filme – que comparam cenas de The Room com as filmadas para The Disaster Artist mostram o cuidado com os detalhes.

As linhas originais de Wiseau (Oh, hi Mark! e 'You' Tearing Me Apart Lisa') são repassadas a partir da construção de dois clímax separados, antecipados pelo espectador que conhece a história. As inúmeras tentativas de Wiseau para sua rodar sua primeira cena, por exemplo, esbanja humor. Criar um filme a partir de uma produção conhecida pela péssima fotografia certamente não foi uma tarefa fácil, mas o DF Brandon Trost conseguiu concluir sua missão com sucesso ao saber explorar os contrastes do sol de Los Angeles com a escuridão do set de Wiseau, recheado de problemas.

O melhor de The Disaster Artist está no fato de James Franco não formatar seu filme para a Academia, buscando uma vaga no Oscar, mas sim pensando nos fãs de The Room, nos estudiosos do campo do paracinema e, de modo geral, na parcela de público alternativo. O ponto negativo do filme é Dave Franco, que foi descaracterizado para tentar ficar parecido com Sestero e dá vida a um personagem apagado, que não consegue sair debaixo da asa de Wiseau.

The Disaster Artist é o tipo de filme que deve ser apreciado com prévio conhecimento do contexto e talvez com uma breve leitura geral sobre a produção de The Room, produção de seis milhões de dólares que conseguiu pouco mais de dois mil dólares de bilheteria. De modo geral, The Disaster Artist é uma homenagem ao cinema que foge do padrão hollywoodiano e deve ser celebrado ao lado de Ed Wood (1994) como produções de grande porte que levam ao público conhecimento de cineastas que jamais teriam espaço na televisão ou nas telas do cinema tradicional.

NOTA: 9/10

1.5 Get Out (Corra!)

Espetacular! Magnífico! Supremo! Por muito tempo esperei por um filme de terror do estilo de Get Out (Corra! no Brasil). Ele é revolucionário na medida em que consegue criar um ar de tensão real – mas ainda assim consegue mesclar uma porção interessantíssima de humor ácido que é responsável pelo gran finale.

A abertura do filme já dá uma noção geral do tipo de conteúdo que será exposto adiante, quando acompanhamos um homem negro que caminhava tranquilamente pela rua ser 'capturado' por outro rapaz que o vigiava. Após os créditos iniciais, conhecemos Chris (Daniel Kaluuya) um respeitado fotógrafo que está em um relacionamento com Rose (Alison Williams), que passa a impressão de ser uma jovem doce e dedicada. O casal decide ir para o interior para que Chris possa conhecer os pais da moça. Pelo fato de ser negro, ele questiona sua companheira sobre uma possível rejeição de seus parentes, algo que ela descarta por completo. Na verdade, Dean (Bradley Whitford) e Missy (Catherine Keener) tratam Chris da melhor forma possível, inclusive tentando quebrar o gelo com a menção de que votariam em Obama mais uma vez caso pudessem – classificando-os, portanto, como pessoas que não suportam o racismo. O grande problema é que Chris não entende as atitudes dos caseiros Georgina (Betty Gabriel) e Walter (Marcus Henderson) – também negros. Combinado com o convite de Missy para uma sessão de hipnose (com a justificativa de que ela poderia curar seu vício em cigarros) e de uma estranha festa, várias dúvidas surgem na cabeça do rapaz.

O desenrolar da narrativa de Get Out explora vários tópicos, que passam desde o privilégio e poder da "sociedade branca" até o impacto de questões de racismo na sociedade contemporânea – tratada como tabu por algumas famílias. O diretor Jordan Peele torna muito confortável lidar com esses assuntos na medida em que eles estão enraizados no roteiro e acompanham o protagonista desde o primeiro minuto.

É claro que o filme presta homenagem indireta a alguns clássicos do gênero. A suspeita do público de que algo está errado, por exemplo, lembra muito o rítimo de The Wicker Man (1973). Mas a originalidade sempre se sobrepõe com destaque total para a entrega de Daniel Kaluuya e da atriz Alison Williams, que revela um potencial incrível. Get Out é mais um belo exemplo de um filme de baixo orçamento que aposta apenas em um poderoso e criativo roteiro. O sucesso é mais do que merecido – e seria lindo ver menções a esta produção na próxima temporada de premiações.

NOTA: 9/10

1.6 Blade Runner 2049

O clássico Blade Runner, de Ridley Scott, é um filme completo que até hoje é exemplo para diretores e roteiristas que buscam trabalhar em torno da ficção científica em thrillers. Com total merecimento esta produção é uma das mais importantes da história do cinema, com excelentes atuações e personagens inesquecíveis. Pegar uma história que fez sucesso três décadas atrás, trabalhar em um novo roteiro e respeitar a originalidade seria uma tarefa e tanto. Blade Runner 2049 tinha tudo para ser mais um daqueles filmes que existem apenas pela nostalgia, estragando totalmente o espírito da série (como ocorreu recentemente com Ghostbusters). Mas a assinatura de Denis Villeneuve, a mente mais brilhante desta geração de diretores (na minha visão) e o competente trabalho da Columbia e da Warner criaram um trabalho excepcional, que será lembrado pelas futuras gerações.

30 anos após os eventos do primeiro filme e após um misterioso blecaute apagar todos os registros eletrônicos do mundo, a Tyrell Corp foi comprada por Niander Wallace (Jared Leto), visionário cego que desenvolve novos replicantes para acelerar a colonização da galáxia. Um deles é o Agente K (Ryan Gosling), blade runner que atua na polícia de Los Angeles e que caça sobras da primeira geração de replicantes. Após 'aposentar' Nexus 8 (Dave Bautista), K encontra uma caixa misteriosa cujo mistério acaba trazendo questões éticas que desafiam tempo e memória (contar mais que isso é estragar a experiência oferecida no filme).

O roteiro tem um desenvolvimento extremamente sólido, deixando espaço para a abordagem da relação de K com sua 'namorada' holograma, Joi (Ana De Armas) e com uma vasta contextualização que abre as portas para o retorno de Rick Deckard (Harrison Ford). É impressionante ver como Villeneuve conseguiu manter a mesma pegada cyberpunk e neo-noir proposta por Scott e, ao mesmo tempo, teve competência o suficiente para colocar seu toque autoral e criar uma identidade visual própria. O trabalho com o diretor de fotografia Roger Deakins é espetacular, e será na sua décima quarta nomeação ao Oscar que o veterano finalmente levará o prêmio da Academia. Roger trabalha com o neon com uma enorme facilidade – e faz a transição para o deserto de uma forma espetacular, mostrando a perfeita dimensão da obra.

Outro fator essencial para o sucesso desta produção está no impecável trabalho sonoro de Hans Zimmer, que segue os tons eletrônicos com a mesma competência que explora grandes hits do passado, como Elvis e Sinatra. A parte técnica também é primorosa, especialmente na mixagem de som.

Um novo clássico. Blade Runner 2049 é o tipo de filme que deve ser visto na maior tela possível. Trabalho impecável que me deixa a vontade para afirmar com tranquilidade que este filme é tão bom quanto seu antecessor. O tempo dirá, no entanto, se a obra prima de Villeneuve se firmará como melhor do que a de Scott. A certeza é de que o espectador não sentirá as 2h45min de duração.

NOTA: 9/10

1.7 Call me by Your Name (Me Chame Pelo Seu Nome)

Call Me by Your Name é um dos filmes mais aguardados de 2017. Os motivos são simples: adaptado do premiado livro de André Aciman e dirigido pelo excelente Luca Guadagnino – um dos grandes nomes dessa nova geração do cinema italiano – o filme constrói com perfeição o romance na tela do cinema, com um continuidade extremamente sólida e com atuações maravilhosas.

Norte da Itália, 1983. Elio (Timothee Chalamet), jovem de 17 anos, passa boa parte do verão transcrevendo músicas, lendo e fumando com deitado sob o forte sol. Sua rotina muda brutalmente quando Oliver (Armie Hammer) chega na residência da família de Elio para finalizar sua pesquisa de doutorado com o pai do rapaz (Michael Stuhlbarg). Americano e com um padrão estético destacado, Oliver chama a atenção de todos no pequeno vilarejo – e aos poucos desperta uma incontrolável paixão em Elio.

Luca Guadagnino sempre acerta quando investe romances na sua terra natal. Io sono l'amore (2009) foi um dos melhores filmes italianos da última década, e A Bigger Splash só não teve sucesso maior pela incompetente distribuição internacional. Também deve se mencionar que Guadagnino é o tipo de diretor que mira um público adulto e maduro, expressando com naturalidade o amor entre Elio e Oliver, não deixando espaço para preconceitos. Neste ponto, aliás, é extremamente importante salientar que Call Me by Your Name é muito mais do que um "filme gay"- produções que geralmente têm comercialização limitada e giram pelos festivais ao longo do mundo. É uma experiência de amor que prende a atenção e ganha força a partir da exploração do proibido (reconhecido pelos próprios protagonistas) com a sensualidade.

Cuidado com os detalhes também é uma marca registrada de Guadagnino. O trabalho artístico em torno do filme é espetacular – sem sombra de dúvida um dos melhores dos últimos anos. Tanto a maquiagem quanto as vestimentas resgatam a essência da década de 1980 – comprovada ainda pelas bicicletas características do período ou pelos populares carros italianos que faziam sucesso naquela época.

A beleza narrativa do filme ganha vida com a perfeita fotografia de Sayombhu Mukdeeprom, que faz da exuberante paisagem uma aliada vital para criar a atmosfera desejada pelo diretor.

Call Me by Your Name, por fim, torna a arte como objeto de discussão para criar sua própria arte. História, literatura e música são temas centrais que rondam o filme e que não deixam o romance de Oliver e Elio ficar monótono. Impecável produção que consolida a carreira de Guadagnino.

NOTA: 9/10

1.8 The Shape of Water (A Forma da Água)

The Shape of Water (A Forma da Água, no Brasil) pode ser o filme de consagração de Guillermo del Toro, que tem grandes chances de se juntar aos compatriotas Alfonso Cuarón e Alejandro G. Iñárritu na lista de vencedores do Oscar. Geralmente a Academia foge de filmes de fantasia, mas seria impossível deixar de lado um filme deste calibre, extremamente sensível.

Del Toro reúne aqui paixões e interesses. Sua conhecida cinefilia desta vez é trabalhada em torno de uma história clássica do estilo "A Bela e a Fera", com toda contextualização da Guerra Fria. Elisa Esposito (Sally Hawkins) trabalha no setor de limpezas de uma instalação secreta do governo. Muda, ela mantém uma rotina diária metódica. Certo dia, o chefe da base, Richard Strickland (Michael Shannon), sai de um laboratório sangrando – e quando Elise é enviada junto de sua amiga, Zelda (Octavia Spencer) para limpar o local, ela acaba descobrindo uma criatura única – e logo começa a criar uma bonita relação de amizade.

É impressionante analisar o apelo visual dos filmes de Del Toro. O diretor cria mundos completos com um design de produção impecável. No caso de The Shape of Water, os tons cinzentos do complexo de inteligência se destacam. Se a ideia original era filmar o filme em p/b, o diretor de fotografia Dan Laustsen apresenta o melhor trabalho de sua vida ao usar em quase todo o filme apenas uma fonte de luz para lembrar o fundo do mar. O azul e o filtro cinzento, nestes casos, geralmente são balanceados com o âmbar – enquanto o vermelho é usado para destacar o amor ou a violência.

Mas sem sombra de dúvidas o destaque todo de The Shape of Water está envolvido na incrível capacidade de Hawkins dar vida a uma personagem muito forte. A atriz, que mantém papeis extremamente coerentes em sua filmografia até aqui e ainda vive com a injustiça de não ter sido nomeada ao Oscar pela sua excelente participação em Happy-Go-Lucky (2008), entrega ao espectador uma atuação de luxo. Mesmo muda – e com linhas de diálogo que aparecem em uma sequência de sonho muito bem orquestrada – é lindo ver a forma como conduz Elisa no projeto-paixão de Del Toro.

Vencedor do Oscar de melhor filme e esteticamente belo, The Shape of Water tem o desenrolar de uma poesia refinada, cujo final não pode ser previsto. Grande parceria de Del Toro com a Fox Searchlights, apresenta uma cena inesquecível que provavelmente será lembrada dentre os filmes produzidos nesta década.

NOTA: 9/10
Crítica mais acessada do site Dalenogare.com em 2016
VENCEDOR DO OSCAR DE MELHOR FILME

1.9 The Florida Project

Espetacular, forte e necessário. Após o enorme sucesso de Tangerine, mais uma vez Sean Baker mostra um senso crítico ímpar. Além de repetir todos os elogios ao diretor, posso dizer com convicção que ele carrega consigo a essência do cinema independente, criando filmes espetaculares a partir de histórias que jamais seriam alvo de Hollywood com pouco dinheiro e muita criatividade para contornar problemas.

Orlando, Flórida. Estamos acostumados a ouvir o nome dessa cidade em temas relacionados à Disney. Riqueza e luxúria também são sinônimos. No entanto, existe um outro lado da região – composta por pessoas humildes, mães solteiras e idosos que mostram o quanto o american dream é uma falácia. É este o alvo de Baker. Testemunhamos a rotina de um tradicional motel estadunidense situado na cidade satélite de Kissimmee dirigido por Bobby (Willem Dafoe). Com uma rigorosa política de habitação (ninguém pode fixar residência lá) – os ocupantes tem que se virar para arrumar dinheiro para o aluguel semanal, sabendo que aquele teto é temporário. Acompanhamos o cotidiano de Halley (Bria Vinaite), que faz o que pode para conseguir ao menos alimentar sua filha, Moonee (Brooklynn Prince), ainda que com refrigerantes e comidas industrializadas baratas. A partir das brincadeiras de Moonee com seus amigos, Scooty (Christopher Rivera) e Jancey (Valeria Cotto), podemos observar como vivem as crianças que não entram na categoria de mundo perfeito da Disney, alternando o tempo com travessuras, caminhadas e pedidos de esmola para comprar um sorvete.

Apesar de ter mais dinheiro para tocar esta produção, Baker não foge de suas tradicionais características. A fotografia é muito semelhante a de Tangerine (as melhoras são apenas no ponto de vista técnico) – e os ângulos avassaladores em diálogos fundamentais ressaltam o precioso trabalho de montagem.

O grande diferencial deste longa é de conseguir estabelecer sua crítica social a partir do mundo visto pelos olhos de uma criança. Halley se prostitui, dá pequenos golpes e vende mercadorias contrabandeadas para sobreviver por mais um dia. O Estado que envia o conselho tutelar para analisar sua conduta e verificar questões sobre a guarda de sua filha é o mesmo que não oferece oportunidades de integração.

Como de costume, Baker consegue tirar o máximo de um elenco sem experiência no cinema. Neste caso, a experiência de Dafoe é utilizada como sólida base para explorar o potencial específico do restante do elenco. É claro que o destaque é a jovem Brooklynn Prince, que encanta com seu vocabulário direto e com seu rosto expressivo. Vinaite, em seu primeiro papel, também entrega uma ótima atuação – mostrando as várias faces de uma personagem complexa.

A fantasia infantil aos poucos perde espaço para o drama da vida real, seja com um incidente que compromete a relação de Halley com a mãe de Scooty ou com um pedófilo em busca de nova vítima. De forma cadenciada e séria, a ferida da pobreza em uma terra que se diz próspera e que oferece condições iguais para todos é aberta. A conclusão é extremamente eficaz – e a reação do público mostra o alto nível desta produção. The Florida Project, com toda certeza, é um dos grandes filmes de 2017. O impacto causado nos últimos minutos deixa várias questões prontas para discussão. Uma verdadeira aula de cinema, com uma experiência que desperta variadas emoções.

NOTA: 9/10

1.10 A Ghost Story

A Ghost Story é um filme extremamente peculiar. Após David Lowery finalizar Pete's Dragon para a Disney (com orçamento de 65 milhões), ele reuniu Casey Affleck e Rooney Mara – protagonistas de seu primeiro filme, Ain't Them Bodies Saints (2013), para um projeto curto de 100 mil dólares. Com apenas 90 minutos de duração, o ritmo lento e o choque estético mostram desde o início a proposta de uma trama não convencional. Por conta disso, creio que este é exatamente o tipo de filme que o espectador deveria assistir sem nenhum tipo de influência de críticos, amigos e até de impressões deixadas por trailers.

Affleck e Mara formam um jovem casal. Indecisos sobre o futuro, eles não sabem se devem continuar ou não na casa em que moram. Mas antes de dar uma solução ao problema, o personagem de Affleck morre em um acidente automobilístico. A partir deste momento, Lowery teve uma sacada sensacional: caracterizar o espírito do personagem a partir da definição clássica de um fantasma, com um lençol e dois furos no rosto largos o suficiente para representar seus olhos. A metade inicial de A Ghost Story trata sobre amor e luto, com o fantasma estático observando sua esposa reagir e tentar tocar sua vida. Mais tarde, o fantasma passa por outras experiências na casa, alternando sua melancolia com o melhor estilo poltergeist ao interferir diretamente na vida humana.

Com pouquíssimas linhas de diálogo (a maior frase sem interrupção é de um coadjuvante, por exemplo) – os detalhes são essenciais para interpretar e sentir esta produção. Tanto é que o roteiro final de David Lowery, de quarenta páginas, tinha como grande diferencial a estruturação de cada cena, com foco para o tempo de cada tomada e ângulos específicos. A

Ghost Story foi rodado no aspecto 4:3, que favoreceu a predominância do fantasma nas cenas, deixando este como elemento central do filme a partir de cenas que captam o traço perturbador de sua existência, grande objetivo do diretor.

A trilha sonora de Daniel Hart é emocionante, já que consegue expor através de tons tristes os gritos que o fantasma não consegue dar. Não tenho dúvidas de que estamos falando de um longa que estará nas listas de grandes filmes de 2017. Também recomendo fortemente a leitura da entrevista com o diretor de fotografia Andrew Palermo para compreensão das boas técnicas utilizadas com um orçamento tão apertado. A Ghost Story é o tipo de filme que pode sugar a atenção do espectador, propondo as mais diversas teorias para explicação da trama, da mesma forma que pode desagradar a fatia impaciente da audiência que busca uma narrativa em três atos clássica. Apesar de não ser um filme de terror, é justamente a partir da reflexão da vida e da morte que os traços finais deste longa ganham contorno e se desprendem do drama tradicional.

Excepcional!

NOTA: 8/10

2. OS CINCO MELHORES DOCUMENTÁRIOS DE 2017

A seguir, a lista dos cinco melhores documentários, em ordem crescente.

1.1 Get Me Roger Stone

Roger Stone é uma figura conhecida no cenário político dos Estados Unidos: desde a campanha de reeleição de Richard Nixon, em 1972, o estrategista político atua atrás das cortinas para manter a hegemonia do Partido Republicano no país. Principal apoiador de Donald Trump, desde 1988 Stone pedia para o bilionário concorrer à presidência, fato que ocorreu no último ano com sua subsequente eleição. Get Me Roger Stone, mais novo documentário da Netflix, busca traçar um panorama geral de uma figura caricata que chama a atenção – seja por suas frases de efeito, por seus trajes ou por sua tatuagem de Nixon.

A narrativa proposta pelos diretores Dylan Bank, Daniel DiMauro e Morgan Pehme é metódica e linear. A partir de conversas com Stone, busca-se entender como o personagem central evidenciado nesta produção tornou-se no mais famoso dirty trickster do mundo político. Suas experiências com Nixon, a marca do caso Watergate, a coordenação da campanha de Reagan e o aparato de lobby montado por Roger Stone no final da década de 1980 são bem expostos.

O grande problema deste documentário, no entanto, está precária conclusão. A Netflix promove sua produção com a imagem de Donald Trump, deixando clara a influência de Stone em sua vida política. O presidente, aliás, foi entrevistado pelos diretores ainda no período da campanha – com frases vagas sobre o perfil de Roger. Entende-se, portanto, que sua ligação com Trump seria a cereja do bolo de sua carreira, algo mais do que justo.

Mas fiquei com a clara impressão de que os documentaristas não acreditavam na vitória de Trump – e pretendiam encerrar Get Me Roger Stone com alguma citação de efeito por parte de Roger sobre como Hillary havia roubado para se tornar presidente, ou algo do tipo. Se tivesse sido lançado antes da eleição presidencial, esta obra teria todos os méritos de explorar o ponto de vista de um estrategista sobre Trump e sobre o futuro do Partido Republicano. Mas os dez minutos finais, dedicados a cobertura da disputa entre Trump e Hillary, é apressado e cru – sem qualquer tipo de análise crítica sobre o papel de Stone ou mesmo sua visão para a administração Trump.

Mas os pontos positivos são vários: as regras do jogo sujo de Stone são expostas sem tentar correr para uma visão idealista. Roger assume que depende de sua imagem para sobreviver no mundo político e abraça os vários apelidos dados pelos seus oponentes. As entrevistas complementares são interessantes, com conteúdo sólido, ainda que não exista uma fonte de oposição direta (que poderia ser encontrada em qualquer estrategista do Partido Democrata, por exemplo). Por fim, as histórias de truques sujos e da formação de slogans e propagandas chegam a ser hilárias de tão absurdas (e, ainda assim, efetivas).

Get Me Roger Stone é essencial para todos que estudam marketing político ou que visam entender a ascensão de Donald Trump. Stone é extremamente popular dentro direita alternativa dos Estados Unidos, e este documentário deve inflar ainda mais seu ego. Não deve ser entendido como uma produção biográfica, já que não aborda a carreira de Stone como autor e nem mesmo sua iniciativa de criar um programa de rádio que chama de 'fonte de resistência patriota', mas sim como uma investigação superficial sobre a saúde da política dos EUA.

NOTA: 8/10

1.2 Abacus: Small Enough to Jail (Abacus: Pequeno o Bastante para Condenar)

A crise financeira iniciada nos EUA em 2008 foi extremamente foi amplamente discutida na mídia – e em alguns canais estadunidenses tal evento virou um circo midiático. O trabalho em torno de Abacus: Small Enough to Jail (Abacus: Pequeno o Bastante para Condenar, no Brasil) é impressionante por mostrar, de forma indireta, como a justiça do país acabou fechando os olhos para os crimes cometidos pelos gigantes que manipularam a economia para voltar a atenção para um pequeno banco.

O Abacus Federal Savings Bank foi fundado em 1984 por imigrantes chineses que desejavam expandir o acesso ao crédito para esta grande comunidade de imigrantes em Nova York. É interessante notar que o diretor Steve James dá uma ótima contextualização para o espectador e não deixa de lado o relacionamento muito específico dos chineses com o dinheiro – que historicamente se apegam as cédulas.

Em 2012, a promotoria distrital de Nova York acusou o banco de patrocinar um complexo esquema de fraude de hipotecas que envolveria toda a diretoria. A partir deste caso, James reconstrói o julgamento.

Abacus é um documentário completo por oferecer ao espectador um ótimo resumo das teorias de acusação e de defesa a partir de uma série de entrevistas. Ressalto que a presença do promotor Cyrus Vance, Jr. – que sofreu diversas críticas por conta da condução deste caso – apenas engrandeceu esta produção.

Abacus poderia muito bem ser uma propaganda para os chineses, em busca de redenção. Poderia ser uma tentativa de reprodução de David e Golias. Mas o resultado final é muito mais satisfatório e original. Para os interessados na crise de 2008, por exemplo, Abacus oferece informações preciosas sobre a condução de promotoria em um caso contra uma instituição financeira (algo que não ocorreu, conforme já escrito, com os bancos que realmente afetaram a economia estadunidense). Mas quando cito que um documentário é completo procuro pensar nas pessoas que entram no cinema ou apertam play em seus serviços de streaming em suas casas sem nenhum conhecimento prévio do tema. Abacus atinge perfeitamente o objetivo proposto ao escancarar uma tentativa de caça as bruxas, ao mesmo tempo que coloca uma instituição pequena, que não figura na lista das 2 mil maiores dos EUA, como alvo para tentar mostrar ao cidadão estadunidense de que o Estado estava empenhado no combate as fraudes e corrupção.

Por conta de tudo isso é fácil observar o grande sucesso de Abacus nos festivais que percorreu nos últimos dois anos. Merece a indicação ao Oscar e a visibilidade que ganhará a partir de agora.

NOTA: 8/10

1.3 Icarus

A Netflix tem uma estratégia extremamente agressiva no que diz respeito a compra de documentários. Os executivos da companhia investem alto na cobertura de festivais como Sundance e oferecem ótimos contratos que garantem visibilidade mundial para produções com potencial. Ainda bem que Icarus, projeto dirigido e produzido por Bryan Fogel e destaque em Sundance, foi comprado pela gigante estadunidense, pois milhões de espectadores terão a possibilidade de testemunhar a história por trás de um dos maiores escândalos da história do esporte: o doping patrocinado pelo governo Russo aos atletas de elite.

Ao assistir Icarus tive a mesma sensação de surpresa e espanto causada por Weiner no último ano. É impressionante notar como ás vezes as pessoas certas estão com suas câmeras voltadas para pessoas que não tem a mínima noção de que aquele testemunho visual seria fundamental para um escândalo que desencadearia no futuro.

Fogel admite que o que vimos neste documentário é fruto de um acidente. Sua ideia principal era replicar as trapaças feitas pelo ciclista Lance Armstrong. Durante um ano, o documentarista (que tem histórico no cliclismo amador) passou por um pesado sistema de dopagem coordenada pelo russo Grigory Rodchenkov, na época chefe do laboratório de anti-doping da Rússia. Os primeiros minutos do documentário mostram a transformação na vida de Fogel, além da visita de Rodchenkov aos Estados Unidos para lhe orientar. O foco principal era mostrar como o sistema era falho e tinha enormes lacunas, mesmo com as denúncias de Armstrong.

O que os dois não tinham ideia, no entanto, era que justamente naquele período uma rede de televisão alemã acusava o governo russo de patrocinar o doping de seus principais atletas. No centro da confusão, Rodchenkov implora por ajuda de Fogel. Neste momento, o documentário sofre uma virada e trata exclusivamente do programa russo. As histórias de bastidores contatas por Grigory, como a colaboração com a justiça dos Estados Unidos e com a matéria explosiva do jornal The New York Times, são contadas com impressionante riqueza de detalhes.

O resultado final do documentário é excelente. Fogel soube equilibrar o material que tinha em mãos. Ficam, é claro, inúmeras perguntas: como, por exemplo, Rodchenkov aceitava ser filmado passando instruções de doping sem a mínima preocupação? quais as reais implicações do exílio forçado do russo nos Estados Unidos para sua família? A visibilidade de Icarus certamente colocará em pauta mais uma vez todo o programa montado pelo governo Putin para obter o maior número possível de medalhas olímpicas. Fogel não aponta o dedo para culpar Rodchenkov, deixando claro que o doping estava na raiz da cultura esportiva da antiga União Soviética. A partir de passagens de 1984, de Orwell, discute-se o doping em várias esferas, passando desde o campo esportivo até a política russa.

NOTA: 8/10

1.4 Visages villages / Faces Places

2017 não será lembrado como um ano de grandes documentários. As produções apresentadas em Sundance não tiveram o mesmo apelo de anos anteriores e vários lançamentos foram deslocados para 2018 (que realmente promete trazer ótimos nomes). Dentre os poucos documentários de alto nível, Visages villages (distribuído internacionalmente como Faces Places) destaca-se.

Para os cinéfilos, Agnès Varda é figura de grande interesse por conta de seu impecável trabalho na New Wave francesa, além de ser dona de uma memória invejável sobre o movimento em geral. Para os apreciadores da arte contemporânea, o trabalho do francês JR – o Inside Out Project – cada vez ganha mais destaque. O que estas duas figuras, de áreas diferentes e de gerações diferentes poderiam fazer, juntas, em um documentário?

A grande surpresa de Visages villages está na forma como este diálogo é levado ao público. A partir de suas próprias experiências de vida, os dois circulam pelo interior da França atrás de histórias de pessoas comuns, que, graças ao aparato montado pelo projeto de JR, dão vida as cidades ou aos seus locais de afeição através de grandes murais fotográficos. JR atua como o fotógrafo atrás de uma imagem para a eternindade, enquanto Varda faz as perguntas aos moradores e coloca as respostas destes em discussão com seu parceiro.

A estrutura narrativa é muito casual, como se fosse construída a partir de episódios. A mensagem final repassada pelo documentário, no entanto, deve ser analisada no contexto geral. Notamos, por exemplo, como uma mulher de 89 anos, com uma carreira consagrada, mostra disposição para aprender e repassar seu conhecimento. A parte final do filme, que causou certa polêmica na França, envolve uma tentativa de encontro de Varda e Godard, grandes parceiros na época da New Wave que acabaram se afastando nas últimas décadas.

É difícil um documentário estrangeiro de circulação restrita nos Estados Unidos conseguir uma nomeação ao Oscar. Visages villages merece todo crédito por isso – e certamente conquistará o espectador que conseguir assistir essa ótima produção no cinema.

NOTA: 8/10

1.5 Unacknowledged

Todo projeto feito na televisão ou no cinema sobre OVNIS ou ufologia geralmente é visto como um produto fantasioso. A mídia, durante as últimas décadas, desempenha um papel fundamental na banalização das pesquisas sérias que são feitas por entidades que tentam levar o público documentos secretos que tratam sobre casos extremamente relevantes. Unacknowledged é um documentário resultado no esforço do ufólogo Steven M. Greer, fundador do Center for the Study of Extraterrestrial Intelligence, que dá um ótimo patamar sobre o estado das pesquisas feitas pelo seu grupo, sobre a transparência e sobre o deep state nos Estados Unidos.

Com narração de Giancarlo Esposito, temos uma proposta de narrativa linear que traça como o governo americano tratou os OVNIS desde o Caso Roswell, em 1947 até os dias atuais. O documentário ganha credibilidade ao intercalar entrevistas de oficiais da aeronáutica e do governo estadunidense com frases impactantes de pessoas como Jimmy Carter, Harry Truman e Roscoe H. Hillenkoetter (primeiro diretor da CIA) sobre o caso. O que mais chama a atenção é que em nenhum momento Greer tenta impor sua visão como a verdade única e absoluta. Sim, ele tem a crença de que alienígenas existem – mas deixa claro que o governo tem milhares de arquivos secretos, desclassificados recentemente, que comprovariam uma grande conspiração para evitar que a população tenha acesso a verdade.

Aliás, Unacknowledged também tem como objetivo afastar a imagem de que ufólogos e pesquisadores da área são pessoas malucas ou apenas teóricos da conspiração em busca de 15 minutos de fama, como citei na introdução. O documentário é interessante até mesmo para quem não acredita em nada do que foi exposto, já que deixa clara a linha de argumentação de um dos principais nomes do tema atualmente. Fora isso, alerta para a necessidade de tentar ao máximo extrair informações que ainda são mantidas como segredo de estado pelo governo, como as operações da famosa Area 51.

NOTA: 7/10

3. OUTROS DESTAQUES

Nesta seção busco dar espaço para as críticas de outros filmes que considerei relevante ao longo do ano. A nota de corte para a entrada desta seção foi sete – ou seja – nenhum longa com nota inferior produzido em 2016 entrou nesta lista.

Por ordem alfabética:

A Ciambra

A Ciambra foi escolhido como representante da Itália ao Oscar de filme estrangeiro. Dirigido por Jonas Carpignano, não tem o mesmo poder do fantástico Mediterranea (2015), mas encanta pela bela atuação do elenco e pela forte história. Sequência do curta homônimo de 2014 e de seu trabalho no ano seguinte (que lhe deu visibilidade), o longa conta com produção executiva de Martin Scorcese e produção do brasileiro Rodrigo Teixeira, da RT Pictures.

Estamos novamente em Gioia Tauro, pequena comuna da Calábria. Pio Amato vive em uma humilde comunidade cigana – e passa por um prematuro período de transição para a vida adulta após a prisão de seu irmão mais velho Cosimo (Damiano Amato) e de seu pai (Rocco Amato). A relação de Pio com sua família é um dos grandes trunfos de Jonas. Como bom neorrealista italiano, ele sabe explorar as angústias de forma extremamente convincente. O garoto também conta com a ajuda de Ayiva (Koudous Seihon) para tarefas simples do dia a dia, e a amizade entre eles aos poucos vira a principal atração do filme, com questões éticas vinculadas.

A Ciambra é um bom filme. Definitivamente não está no nível de Mediterranea, mas posiciona Carpignano como um diretor com potencial enorme. NOTA: 7/10

Baby Driver (Em Ritmo de Fuga)

Entendo perfeitamente o sucesso estrondoso de Baby Driver (Em Ritmo de Fuga, no Brasil) no mercado estadunidense. Ao fugir da metodologia tradicional de filmes de roubo, o diretor e roteirista Edgar Wright tem em mãos inúmeras possibilidades de interagir com um gênero consagrado, mas que dá sinais de desgaste. Assim como em Get Out, testemunhamos uma narrativa inovadora, com personagens bem contextualizados e com uma narrativa forte, que abraça o espectador.

Baby (Ansel Elgort) é um piloto de fuga que perdeu seus pais em um trágico acidente automobilístico. Além do trauma pessoal, ele ficou com zumbidos no ouvido – e seu tratamento é composto por ouvir música (muita música) o dia inteiro. Servindo o criminoso Doc (Kevin Spacey), Baby acaba se apaixonando por Debora (Lily James), atendente do mesmo restaurante em que sua mãe trabalhava. Os problemas ocorrem em seu último trabalho, quando o trio de criminosos parceiros de Baby (Jamie Foxx, Jon Hamm e Eiza Gonzalez) acabam arriscando tudo.

A relação da música com o filme é espetacular. Pequenos detalhes, como o zumbido do jovem, o ritmo de determinada música ou mesmo um riff tornam-se gigantes quando transportados para a realidade pessoal de Baby. Edgar Wright oferece um prato cheio para fãs do gênero, com perseguições espetaculares (com ótima contribuição do excelente diretor de fotografia Bill Pope) e recheadas de humor, graças ao excelente personagem de Foxx. Os cinéfilos também irão se deliciar com algumas homenagens feitas pelo diretor. O grande diferencial deste projeto é a sutileza com que o protagonista é apresentado – sem forçar aquele tradicional carisma – com uma história de fundo bastante prudente que revela seus desejos e objetivos.

Baby Driver é um ótimo filme. A cena introdutória é memorável (talvez entre as melhores desta década neste gênero) e o desfecho é interessante. No entanto, isso não pode esconder as falhas que existem no roteiro, agrupadas em torno do personagem de Jon Hamm, que está mais para um vilão de vídeo game. Apesar de se afastar da vida real a cada minuto passado, a experiência geral é muito boa. O Blu ray promete oferecer conteúdo exclusivo sobre os bastidores, além de tomadas deletadas, e certamente deve valer mais uma exibição deste filme. NOTA: 7/10

Beauty and the Beast (A Bela e a Fera)

Com o estrondoso sucesso das adaptações de clássicos da animação em live action da Disney, Beauty and the Beast (A Bela e a Fera, no Brasil) é a nova empreitada do estúdio para revitalizar um verdadeiro clássico. O original de 1991, que adapta brilhantemente o conto da francesa Jeanne-Marie Leprince de Beaumont, marcou época ao receber a nomeação para o Oscar de melhor filme, além de quebrar vários recordes de vendas em home vídeo na década de 1990.

O melhor exemplo de um caso de Síndrome de Estolcomo coloca Emma Watson no papel de Belle/Bela, uma humilde jovem de um vilarejo francês que vive com seu pai (Kevin Kline), que acaba sendo preso no castelo de um príncipe que foi transformado em um monstro por uma feiticeira. Bela assume o lugar de seu pai como prisioneiros e aos poucos cria um laço de amizade e respeito com a Fera.

A história está no imaginário popular e é bem conhecida de todos. Algumas inovações feitas pela Disney nesta produção ganharam as páginas dos principais jornais do mundo. A primeira delas foi a adição de um personagem 'abertamente gay'. Ele é Le Fou (Josh Gad), braço direito de Gaston (Luke Evans). Aqui, uma consideração: ao contrário do que era esperado, Le Fou jamais assume sua posição em uma linha de diálogo. É uma piscada de olho e seu jeito extravagante que, teoricamente, deixam clara sua sexualidade – muito menos do que eu esperava, e que certamente torna absurda a posição de boicote firmada por algumas redes de cinema.

A outra está na forma da narrativa, que tenta mesclar uma fidelidade extrema em determinadas cenas da animação com a adição de passagens complementares. Essas, por sua vez, deixam claras pequenas incoerências no roteiro (como as idas e vindas de Bela do Castelo e também na distância do vilarejo ao local onde a Fera habita).

A Bela e a Fera já é um sucesso de bilheteria – e mostra que o público está sedento por mais adaptações em live action. O resultado final é interessante, e os efeitos visuais mostram o capricho extremo do estúdio (que provavelmente vai receber ao menos uma nomeação ao Oscar).
NOTA: 7/10

Brawl in Cell Block 99

Dois anos atrás escrevi que o resultado final de Bone Tomahawk foi positivo graças a atuação de seu protagonista. Em Brawl in Cell Block 99, o diretor e roteirista S. Craig Zahler mais uma vez investe todo seu tempo de tela no destrinchamento de um personagem complexo dentro de uma situação que piora a cada minuto. Fugindo completamente de suas atuações estereotipadas na comédia, Vince Vaughn está maduro na melhor atuação de sua carreira até aqui.

Bradley (Vince Vaughn) tenta fugir de seu passado no crime, mas é obrigado a atuar novamente como transportador de drogas após ser demitido de seu emprego. Após um negócio ter um desfecho dramático, um emissário do principal traficante da cidade (Udo Kier) entra em contato com Bradley, agora na prisão cumprindo uma pena de sete anos, dizendo que sua mulher (Jennifer Carpenter) grávida será sacrificada caso ele não acerte as contas com um detento que está abrigado no bloco 99 de uma prisão de segurança máxima.

A história tem uma progressão interessante, ainda que demore quarenta minutos para a narrativa principal engrenar e realmente prender a atenção do público. Vaughn destaca-se por transmitir ao espectador uma tranquilidade ímpar mesmo com a violência que o rodeia. As longas cenas de ação são o motivo pelo qual o filme estoura as duas horas de rodagem, algo bastante incomum para uma produção deste calibre.

Mesmo com o relativo sucesso dentro de seu lançamento limitado nos Estados Unidos, pesa contra Brawl in Cell Block 99 o fato de ser distribuído por uma empresa focada no streaming doméstico. Com isso, infelizmente o filme não deve chegar as salas de cinema do Brasil e da Europa, minando completamente a possibilidade de algum reconhecimento para o trabalho de Vaughn e até mesmo para a evolução de Zahler como realizador. NOTA: 7/10

Cars 3 (Carros 3)

A Pixar desapontou parte de seus fãs com o lançamento de Cars 2, em 2011. Parecia que a história de Relâmpago McQueen estava incompleta, e os produtores preferiram engajar a narrativa em torno da comercialização do filme ao invés de focar em algo que poderia, de fato, ser aproveitado pela franquia. Finalmente a impressão negativa foi corrigida com Cars 3 (Carros 3, no Brasil), uma animação de ótimo nível que resgata o espírito da primeira entrada da série nos cinemas.

Relâmpago McQueen (Owen Wilson) agora é um veterano no mundo das competições. Sua carreira é ameaçada com a aposentadoria de antigos rivais aliada a chegada de uma nova geração de corredores, liderada por Jackson Storm (Armie Hammer), que usam tecnologia de ponta para dominar as provas. Após Sterling (Nathan Fillion) oferecer patrocinar melhorias para McQueen, ele prefere seguir o caminho de seu mentor, Doc Hudson (Paul Newman, graças a gravações não utilizadas em Carros) e junto da instrutora Cruz (Cristela Alonzo), busca superar as dificuldades impostas.

A animação mantém um bom ritmo. A história é cadenciada, a ponto de tornar agradável a mistura entre personagens do passado com novos. Mantendo o excelente padrão Pixar de animação (que deixa evidente que The Good Dinosaur foi um acidente), Cars 3 explora com delicadeza vários temas que podem ser discutidos pelas crianças. Desde o bullying até a perseverança para conquistar os objetivos, existe uma vontade crescente de tornar McQueen como porta voz de uma mensagem maior do que seu próprio papel como protagonista – e é até por isso que Cruz toma tanto espaço na metade final da animação, já que essa personagem é essencial.

Obviamente existem detalhes técnicos que ficaram de lado para preservar a narrativa proposta. A coerência do roteiro, por exemplo, pode ser um empecilho para quem busca em Cars 3 uma animação com o mesmo nível de maturidade da terceira entrada da franquia Toy Story, por exemplo. Ainda assim, a produção consegue arrancar sorrisos espontâneos. Pode não estar nas premiações da temporada, mas irá garantir ótimos números de bilheteria ao redor do mundo. NOTA: 7/10

Coco (Viva: A Vida é uma Festa)

Coco (Viva: A Vida é uma Festa, no Brasil) mostra o motivo pelo qual a Pixar domina o mercado de animação. Sensível e com uma trilha sonora impecável, a produção dirigida por Lee Unkrich e Adrian Molina, funcionários de carreira da empresa, apresenta uma história que emociona crianças e adultos.

Miguel (Anthony Gonzalez) vive com sua família em um pequeno e humilde vilarejo mexicano. Seu sonho é se tornar famoso como o lendário Ernesto de la Cruz (Benjamin Bratt), que fez sucesso várias décadas atrás na música e no cinema. Miguel, no entanto, tem um grande empecilho. Sua família proíbe qualquer tipo de interação com a música pois seu trisavô abandonou sua esposa e sua filha, Coco, para perseguir uma carreira e nunca mais voltou para casa.

É interessante notar como a Pixar consegue colocar em seu roteiro questões bem complexas que de fato podem estar presentes no dia a dia. No caso de Coco, bisavó de Miguel, seus 97 anos de idade mostram bem suas limitações motoras, além do princípio de seus constantes esquecimentos, que evoluem durante a exibição e que possuem impacto direto na conclusão. Obviamente o foco está na tradicional festa mexicana do Dia de los Muertos, na qual Miguel consegue passar para o mundo dos mortos e faz contato com seus antepassados para buscar motivação e ajuda para realizar seu sonho na música, além de tentar descobrir a real identidade de seu trisavô e o real motivo de seu desaparecimento no passado.

O trabalho sonoro é impecável, seja nas dublagens ou na escolha das músicas, que respeitam as tradições mexicanas (isto é, não é uma americanização barata de uma festa popular e respeitada). Mas os efeitos visuais que realmente impactam diretamente. É impressionante testemunhar a evolução da Pixar, que investe cada vez mais tempo em pequenos detalhes que talvez sejam notados após uma segunda ou terceira análise. O mundo dos mortos tem um toque de ingenuidade mas ainda assim permite que o roteiro explore tópicos como lembranças e até mesmo assassinatos.

Coco é a grande aposta da Pixar para as premiações da temporada. Não pode ser diferente, já que é uma das grandes animações deste ano. NOTA: 8/10

Como Nossos Pais

Vencedor de seis kikitos em Gramado, Como Nossos Pais é o grande filme brasileiro de 2017. Dirigido por Laís Bodanzky, o longa apresenta uma proposta narrativa original e extremamente relevante, com total destaque para a discussão da identidade feminina na sociedade.

Em um almoço de família, Clarice (Clarisse Abujamra) revela que o pai de sua filha, Rosa (Maria Ribeiro), não é o homem que a criou durante toda sua vida. Chocada com a informação, ela acaba repensando sua vida e coloca em jogo seu trabalho e seu relacionamento com seu marido, Dado (Paulo Vilhena).

Faço uma divisão deste filme em dois momentos. Por mais que sejam distintos na forma de estruturação e apresentação ao público, a união deles é de fundamental importância para plena compreensão do desenvolvimento da trama. Em primeiro lugar, temos o choque causado pela surpresa. De maneira inteligente, Laís cria um almoço que pode ser o espelho de qualquer família brasileira – o que ganha pontos por mostrar que tal situação poderia muito bem ocorrer com qualquer pessoa. A revolta e o desespero de Rosa aos poucos criam os laços do segundo momento, que trata sobre a forma como ela mesma vê sua vida.

Rosa pode muito bem ser a voz de várias mulheres que sofrem diariamente com uma silenciosa opressão que coloca a mulher em segundo plano dentro da sociedade. É por isso que assistir a personagem de Maria Ribeiro questionar tudo que lhe incomoda – desde a rotina de sua atividade profissional até o fato de que apenas ela se dedica na criação de suas duas filhas enquanto o marido – um ambientalista – parte para viagens e reuniões na calada da noite – realmente tem um impacto positivo.

As atuações são ótimas, com destaque total para Abujamra e Ribeiro. A coleção de pequenos detalhes é fruto de uma montagem afiada, que capta muito bem recordações do passado (como o quadro do congresso que uniu Clarice com o pai verdadeiro de Rosa, presente na vida dos dois). Até mesmo a obsessão de Clarice com o cigarro é bem desenvolvida, já que começa como um mero elemento secundário e acaba se tornando elemento chave na união dos dois momentos de Como Nossos Pais.

O filme despontou como grande favorito para disputar o Oscar de filme estrangeiro representando nosso país, mas infelizmente não foi indicado pelo comitê de seleção – um erro imperdoável. Isso não tira o brilho final de Como Nossos Pais, um filme extremamente relevante para discussões sobre assuntos tabus que podem ser iniciadas em casa. NOTA: 7/10

Ferdinand (O Touro Ferdinando)

A história do Touro Ferdinando é tão rica e tão importante no século XX que seria imperdoável ver uma adaptação ruim para o cinema após 80 anos do curta Ferdinand the Bull (produzido por Walt Disney e vencedor do Oscar em 1938). A boa notícia é que a Fox acertou a mão com Ferdinand (O Touro Ferdinando, no Brasil) e o brasileiro Carlos Saldanha, diretor desta animação, soube aproveitar as ótimas possibilidades oferecidas pelo carismático protagonista.

Pouco antes do início da Guerra Civil Espanhola, o autor estadunidense Munro Leaf lançou The Story of Ferdinand, com ilustrações do ótimo Robert Lawson. Em meio as turbulências mundiais, a mensagem de paz através de um touro que prefere flores do que as violentas touradas logo conquistou crianças e adultos, tornando-se bestseller nos EUA durante muitos anos. O livro foi banido por Franco, foi queimado por Hitler e a história caiu no esquecimento no pós Segunda Guerra Mundial. Existia um potencial enorme para animações, curtas, mais ilustrações. Mas nada foi feito (fora um breve livreto da Disney) – e a obra de Leaf teve forte impacto apenas na geração que viveu a Segunda Guerra.

O grande trunfo de Ferdinand, de Carlos Saldanha, foi saber construir uma história moderna que, ainda assim, permanecesse com a inocência proposta por Leaf. Com boas doses de diversão e originalidade, é uma das animações mais surpreendentes dos últimos anos. Quem conhece a obra de Leaf provavelmente perceberá que o material foi utilizado no primeiro e no último ato, enquanto o desenvolvimento segue uma proposta nova para desenvolver personagens secundários. Ferdinand (voz de John Cena, exepcional) vê seu pai ser selecionado para participar de touradas – fato que é motivo de orgulho para todos os touros. Como não demonstra nenhum interesse, Ferdinand foge e acaba recebendo abrigo de uma garota e de sua família. Uma série de eventos, no entanto, fazem Ferdinand voltar a Casa del Toro e reencontrar velhos conhecidos.

O desenvolvimento é muito satisfatório e o trabalho gráfico do pessoal da Blue Sky merece aplausos (a cena do ditado "like a bull in a china shop", usada na promoção da animação, é engraçada). Outro ponto de destaque é que Ferdinand tem a capacidade de fazer com que os pais coloquem em pauta temas como bullying a partir da história deste filme.

Ferdinand foi nomeado ao Oscar e teve ótimos resultados de bilheteria. Seria ótimo ver uma sequência que continuasse com o respeito a obra de

Leaf demonstrado por Saldanha e cia. NOTA: 7/10

Estiu 1993 (Verão 1993)

Indicado pela Espanha para concorrer ao Oscar de melhor filme estrangeiro, Estiu 1993 (Verão 1993, no Brasil) conta a infância da diretora Carla Simón através da inocência infantil.

Frida (Laia Artigas) vai morar com seus tios (Bruna Cusí e David Verdaguer), no interior da Catalunha, após a morte de sua mãe, vítima do vírus da AIDS. Buscando entender sua nova rotina, Frida tem alguns desafios, especialmente na criação de vínculos afetivos. A mudança da agitada Barcelona para um vilarejo local justamente no verão apresenta para ela um novo estilo de vida, que a garota tenta abraçar rapidamente.

É lindo testemunhar como Simón montou sua produção em torno do mundo criado por Frida, que, pela sua idade, não compreende os preconceitos da sociedade e tampouco entende o motivo pelo qual não pode ter uma vida normal como as outras crianças da região. A partir de expressões faciais e do próprio silêncio observamos o quanto a menina sofre para se adaptar a um mundo novo, diferente de tudo o que conhecia.

É por conta disso que em determinadas passagens a orientação do filme aproxima-se muito de um docudrama focando apenas na experiência de vida de Frida e no seu ponto de vista, deixando os adultos como meros secundários. Pela sensibilidade, o resultado é positivo.

Verão 1993 é um filme extremamente lento, que se preocupa com a construção do arco narrativo principal para apresentar uma conclusão impactante. Ótima produção espanhola que se valoriza com a boa distribuição internacional. NOTA: 7/10

Good Time (Bom Comportamento)

Durante muitos anos o potencial de Robert Pattinson foi menosprezado, talvez pela imagem deixada por Twilight. A boa notícia é que Good Time (Bom Comportamento, no Brasil), além de ser o melhor longa da carreira do ator até aqui, definitivamente prova seu talento e seu grande potencial. O instigante thriller dirigido pelos irmãos Joshua e Ben Safdie tem uma forte identidade sonora, que combina muito bem com o tom da produção, mostrando uma boa evolução da dupla quando comparado ao interessante Heaven Knows What (2015).

Connie Nikas (Pattinson) parece não aceitar a deficiência mental de seu irmão, Nick (Benny Safdie). Durante uma consulta de Nick com um especialista (Peter Verby), Connie interrompe abruptamente a sessão para encerrar a conversa e levar seu irmão para um assalto a banco. Aos poucos tomamos conhecimento dos motivos que levaram Connie a planejar o roubo – e a cena do assalto oferece doses acentuadas de tensão, adrenalina e até mesmo de humor.

Quem conhece o trabalho dos irmãos provavelmente sabe que a condução do filme é feita de forma precisa, abrindo e fechando arcos narrativos com incrível sensibilidade. Essa característica foi marcante para o sucesso, ainda que contido, de Heaven Knows What. Em Good Time, temos uma complexa cadeia de eventos que acabam criando consequências de grande impacto na narrativa moldada em bons diálogos com merecido destaque para o protagonista.

É na fotografia de Sean Price Williams, repetindo a parceria com os irmãos, que temos a construção de uma linguagem visual que mostra a rua através dos olhos de Nikas, com um ótimo destaque para o contraste da violência e da calmaria antes de uma perseguição, por exemplo. Tudo é potencializado graças aos toques eletrônicos das composições de Daniel Lopatin, retornando ao cinema em grande estilo.

Good Time é um bom filme. O melhor de Pattinson e o melhor dos diretores, sem sombra de dúvidas. Mas a fixação com a personificação de um anti-herói aliada com o final previsível acaba afetando toda a experiência positiva das cenas passadas. Ainda assim, um bom lançamento da temporada que antecede a janela de premiações. NOTA: 7/10

Guardians of the Galaxy Vol. 2 (Guardiões da Galáxia Vol. 2)

Guardians of the Galaxy Vol. 2 (Guardiões da Galáxia Vol. 2, no Brasil) mostra o quanto a franquia conquistou o público. Os vários recordes de bilheteria estabelecidos mundo afora durante o lançamento deste filme – aliado a recepção positiva dos fãs – deixa claro para a Marvel o tamanho do potencial dos Guardiões.

Como é de costume, a Marvel divide seus filmes em dois tipos: o primeiro é o de estabelecer a contextualização geral do período e do(s) herói(s) analisados. Guardiões da Galáxia entrou nesta categoria ao deixar de lado a história para focar nos traços de personalidade de cada personagem. No vol.2, temos um claro exemplo do segundo tipo de filme da Marvel, que é o de expandir o universo proposto, com mais liberdade para desenvolver histórias, tendo em conta a base montada no primeiro filme.

Por conta disso, não tenho dúvidas ao afirmar que o vol.2 é um filme muito mais completo do que o original lançado em 2014. O diretor James Gunn (também responsável pelo roteiro) soube alternar humor e emoção de uma forma satisfatória.

O filme começa com os heróis defendendo valiosas baterias de um enorme monstro. Enquanto o bebê Groot (voz de Vin Diesel), dança sem preocupações, Star-Lord (Chris Pratt), Drax (Dave Bautista), Gamora (Zoe Saldana) e Rocket (voz de Bradley Cooper) arriscam suas vidas. O problema é que após o final da batalha, Rocket decide roubar algumas dessas baterias, causando a ira da Rainha Ayesha (Elizabeth Debicki), que manda suas tropas atrás dos Guardiões. Estes, no entanto, são surpreendidos com a visita de Ego (Kurt Russell), que diz ser o pai de Star-Lord. Ao visitar um novo universo e conhecer a simpática Mantis (Pom Klementieff), algumas suspeitas parecem tomar corpo sobre a origem de Ego, ao mesmo tempo em que Rocket e Groot vigiam Nebula (Karen Gillan).

Todo o foco carismático do filme está em torno de Groot. Os produtores conseguiram dar outra dimensão as três palavras pronunciadas pelo personagem, e os vários focos em seu rosto, captando perfeitamente suas reações, foi um tiro certeiro – que vai impulsionar o marketing da franquia em vários outros segmentos.

Guardians of the Galaxy Vol. 2 tem um pequeno problema ao desenvolver sua principal linha antagônica, já que temos dois inimigos (cada um domina uma hora do filme) – mas ainda assim sem convencer totalmente. O ponto positivo está nos efeitos visuais e na irreverência que parece ser a marca de James Gunn até agora. O próximo filme da franquia pode ser ainda melhor caso consiga manter os mesmos acertos e visar o desenvolvimento de mais histórias. NOTA: 7/10

I, Tonya (Eu, Tonya)

A narrativa proposta pelo diretor Craig Gillespie em I, Tonya (Eu, Tonya – no Brasil) agrada por fugir do convencional. Geralmente os dramas esportivos optam por dois rumos bem distintos: ou os produtores investem em tramas ao estilo Disney, com um final bonito e feliz, ou seguem o caminho emocional, mostrando altos e baixos da vida/carreira de determinada pessoa com foco nos momentos difíceis. I, Tonya trata de expandir essa última categoria a partir de várias quebras da quarta parede, contando de forma bem humorada algumas das polêmicas da ex-patinadora estadunidense Tonya Harding.

Com Margot Robbie (que também assina seu primeiro crédito de produtora) no papel principal, o filme propõe ao espectador conhecer a história de Tonya seguindo duas linhas: a primeira é a da história tradicional linear; a outra é a partir de entrevistas (dramatizadas) com figuras-chave da história analisando justamente os episódios do passado. Essa combinação é boa por dosar bem o humor.

Tonya teve certa popularidade nos Estados Unidos – mas seu auge, na verdade, ocorreu por conta de um episódio envolvendo sua colega de profissão, Nancy Kerrigan's (Caitlin Carver), alguns meses antes das Olimpíadas de inverno de 1994. É claro que esse fato é o gran finale, mas ele só tem relevância dentro do filme pela boa contextualização e sustentação do elenco de apoio, especialmente nos personagens Lavona (Allison Janney, na melhor atuação de sua carreira), mãe de Tonya, e Jeff (Sebastian Stan), que foi marido da atleta durante os anos analisados no filme.

As cenas de patinação são boas (a dublê de corpo de Robbie foi excelente, mas faltou capricho no CGI e na edição para fazer determinadas transições), mas o mais relevante é ver a composição geral criada por Gillespie para entender um pouco do próprio perfil explosivo de Tonya, que durante anos reclamou de perseguição por ser uma espécie de ovelha negra dentro de sua federação de patinação. Para o diretor, o relacionamento de Tonya com sua mãe, por exemplo, explica o motivo por ter mantido o casamento com um homem que lhe batia e abusava de seu emocional. Na verdade, as grandes cenas do filme estão nessa ponte Robbie – Janney – Stan, que formam um triângulo de discórdia responsável por interromper a carreira de uma mulher que foi criada desde pequena para a patinação. NOTA: 7/10

John Wick: Chapter 2 (John Wick: Um Novo Dia Para Matar)

É extremamente interessante notar a evolução da franquia John Wick. Após o primeiro filme traçar um claro objetivo de ação total, com muita pancadaria e tiroteios, John Wick: Chapter 2 (John Wick: Um Novo Dia Para Matar, no Brasil) consegue apresentar uma história bem mais coerente, mantendo a mesma pegada cool que conquistou milhares de fãs ao redor do mundo.

John Wick (Keanu Reeves) está prestes a terminar a guerra com a máfia russa, vista no primeiro filme. Tudo o que ele quer é a garantia de sua aposentadoria, para seguir sua vida com seu cachorro. O problema é que Wick acaba sendo envolvido em uma disputa global que envolve o controle da máfia de Nova York – e seus planos acabam sendo postergados para participar de uma última missão.

Mais uma vez a mão do diretor Chad Stahelski é fundamental para criar uma atmosfera de perigo que ronda o filme durante toda sua exibição. Com um vasto passado no mundo dos dublês, Chad sabe exatamente o momento de iniciar um combate ou mesmo de cortar o clímax para preparar um inesperado toque de humor – que quebra o gelo e dá fôlego ao filme. Nesse sentido, o Gun Fu – termo criado pelo próprio diretor para designar a mistura de combate e tiros – está ainda melhor.

John Wick: Chapter 2 é melhor do que o original. Além de amadurecer o personagem de Reeves, a produção está bem mais engajada e os atores coadjuvantes tem personalidades bem interessantes. O filme tem um final aberto, que deixa aberta a sequência que será lançada em breve. Caso Chad mantenha o mesmo ritmo, a franquia tem tudo para se tornar em uma das melhores pedidas de seu gênero neste novo século. NOTA: 7/10

L'insulte (O Insulto)

Confesso que recebi com surpresa a indicação de L'insulte (O Insulto, no Brasil) ao Oscar de melhor filme estrangeiro, pois pela primeira vez em cinco anos a Academia não nomeou um filme que teve pouquíssima visibilidade internacional – vaga que, teoricamente, foi ocupada justamente por este filme libanês. Com rodagem nos festivais ao redor do mundo, o longa de Ziad Doueiri impressiona pelo forte teor político.

Toni (Adel Karam) é um apoiador do Partido Cristão (Forças Libanesas). Ele assiste frequentemente a discursos de líderes do partido pedindo a deportação de palestinos e canta as marchas de guerra utilizadas na guerra civil. Dono de uma oficina em um distrito cristão na capital, Beirute, Toni vive com sua mulher, a grávida Shirine (Rita Hayek). Durante reparos na infraestrutura local, o que seria um pequeno incidente cotidiano ganha enorme proporção na medida que o palestino Yasser (Kamel El Basha) profere um xingamento a Toni, fato que passa a lhe perturbar.

A força do filme está na condução da narrativa, logo após notarmos que Toni vê seu ego ferido e exige uma retratação formal do palestino. O drama na corte por vezes parece demasiado longo, especialmente a partir do momento em que "o insulto" toma um caráter cíclico, atingindo os dois protagonistas de forma igual ao mesmo tempo que abraça a conturbada história do país, trabalhando o contexto do ódio de Toni aos palestinos e a entrada de Yasser no país, por exemplo. Infelizmente a conclusão não está no mesmo nível do drama inteligente que toma espaço ao longo da exibição. Obviamente a mensagem de reconciliação nacional foi a saída mais fácil, e por isso tal decisão nem pode ser criticada, já que o longa conseguiu ótimos números no mercado internacional e foi coroado com uma indicação em uma das mais disputadas listas da história do prêmio de filme estrangeiro da Academia. Aliás, não se deixe enganar pela mensagem inicial de que o filme não representava a visão do Líbano. O Ministro da Cultura do país peregrinou por vários festivais de cinema promovendo o filme e participando de discussões em universidades sobre o impacto da produção na problemática vida política do país.

L'insulte, por outro lado, aos poucos se firma como o mais importante filme da história do cinema libanês das últimas décadas, com grande probabilidade de passar, ao longo dos anos, À l'abri les enfants, do próprio Doueiri – sem dúvida o filme mais reconhecido do país internacionalmente. É ótimo prestigiar um filme que levanta tantas discussões válidas no problemático mundo contemporâneo, e mais uma vez Doueiri merece aplausos e reconhecimento por isso. NOTA: 7/10

Logan

Logan foi o maior sucesso do primeiro semestre de 2017 no cinema mundial. O filme dirigido por James Mangold sabe dimensionar muito bem o impacto das decisões tomadas pelo personagem principal – e aproveita tópicos apresentados nos filmes anteriores (seja da franquia Wolverine ou X-Men) para mostrar ao espectador a dimensão do universo criado. Com o recente lançamento em Blu Ray, decidi escrever sobre o filme e sobre os extras apresentados.

2029. Não existe nenhum registro de nascimento de novos mutantes em um quarto de século, graças a perseguição. Logan (Hugh Jackman) vive em El Paso, e Charles (Patrick Stewart) já não controla mais seus poderes como antigamente. Alcoólatra, Logan conta com a ajuda de Caliban (Stephen Merchant) para esconder o professor e dar sua medicação diária. Tudo muda quando Logan acaba descobrindo a existência de Laura (Dafne Keen), criança que parece contar com os mesmos poderes do protagonista, mas que é procurada por Donald Pierce (Boyd Holbrook) e suas tropas paramilitares.

Logan não abusa do CGI para oferecer entretenimento ao público. É justamente na investida em um olhar mais próximo da vida de Wolverine que temos um prato cheio para ver as infinitas possibilidades do Universo Marvel. Em Blu Ray, a produção oferece algumas cenas deletadas. O ponto alto, no entanto, está em três conteúdos de altíssima qualidade: o primeiro é um making of com 75 minutos de duração, que mostra o cuidado com a captação de tomadas essenciais, além de uma série de curiosidades; a seguir, temos o precioso comentário do diretor James Mangold, que quebra vários paradigmas ao fazer uma leve crítica a forma como os filmes de super-heróis são promovidos recentemente – explicando, portanto, o motivo pelo qual Logan busca fugir desse padrão. Para quem gostar do filme, a versão Noir é uma excelente pedida, já que o contraste do p/b acentua várias passagens.

Logan é um filme exemplar no que diz respeito aos blockbusters. Ao abraçar a classificação R nos Estados Unidos, Mangold consegue ótimos diálogos que tiram o máximo do personagem de Jackman, em mais uma ótima atuação. É um filme longo para os padrões do cinema atual, mas que não perde fôlego graças as ótimas sequências de ação NOTA: 8/10

Loving Vincent (Com Amor, Van Gogh)

É gratificante assistir a uma animação que emociona desde o primeiro minuto. Loving Vincent (Com Amor, Van Gogh, no Brasil) é fruto de um incansável trabalho de Dorota Kobiela e Hugh Welchman, que coordenaram 125 artistas para compor a mão cada um dos 65 mil quadros apresentados ao espectador. Além de ser visualmente deslumbrante, já que também houve o cuidado em respeitar e seguir as linhas artísticas de Vincent van Gogh, a história é muito boa e bem conduzida, justificando todo investimento do Instituto de Cinema da Polônia (responsável pela captação do dinheiro para financiamento) e dos fãs que acreditaram no potencial e contribuíram na campanha do Kickstarter.

Após sete anos na sala de produção, Loving Vincent conta a história da morte de van Gogh (Robert Gulaczyk) a partir do ponto de vista de Armand Roulin (Douglas Booth), alvo de vários retratos feitos pelo artista. Roulin atua como detetive e narrador, buscando compreender o mistério por trás da perda de um talento inigualável. Neste caso, a animação tem seu ponto forte justamente no questionamento de uma história conhecida por todos, já que testemunhamos vários casos secundários interessantes que ganham notoriedade ao longo. A partir disso, várias perguntas: o tiro na barriga que causou a morte do pintor realmente partiu dele ou de um assassino? Se o ato foi suicida, qual seria a explicação para este ato extremo?

Obviamente Kobiela e Welchman não montaram esta produção com o intuito de resolver um mistério que até hoje é alvo de documentários e livros com teorias distintas. Ao atuar como detetive amador, Roulin atua como espelho da representação de várias gerações de fãs de van Gogh que tentaram, de alguma forma, criar uma explicação convincente pelo menos para si mesmos.

Outro grande trunfo foi saber utilizar com precisão as famosas cartas de Theo. Para os admiradores de van Gogh, uma importante adição que apenas ressalta a qualidade do trabalho. Para quem não tinha nenhum conhecimento prévio, a porta de entrada para mais pesquisas.

Loving Vincent é a grande animação de 2017. Um trabalho que faz juz ao título, encanta e mostra como é importante dar espaço para mais projetos deste calibre. NOTA: 8/10

Mother! (Mãe!)

Mother! (Mãe! no Brasil) é o filme mais polêmico de 2017. Por isso considero genial o marketing feito pela Paramout, que explora justamente a enorme divisão de opiniões dos críticos anglófonos. Mais uma vez Darren Aronofsky entrega uma típica produção art house, com um toque de humor ácido.

Javier Bardem é um poeta que passa pela tradicional fase de bloqueio criativo. Em busca de inspiração para novos textos, ele vive em uma isolada residência junto de sua esposa (Jennifer Lawrence), que passa o dia arrumando a casa, reconstruída após um incêndio. Certo dia, um homem (Ed Harris) aparece de surpresa durante a noite e cria uma rápida intimidade com o personagem de Bardem, chegando ao ponto de trazer sua esposa (Michelle Pfeiffer) para morar com eles durante um período na residência do casal. Com a chegada de pessoas inesperadas, o filme faz a transição de um drama para um típico thriller psicológico – com várias menções ao clássico Rosemary's Baby tão logo a personagem de Lawrence descobre sua gravidez.

Para os fãs do diretor, alguns elementos típicos de sua carreira marcam presença aqui: a colapso nervoso da personagem principal, vários close-ups e um ato final que costura pontas abertas aos poucos na narrativa tornam o filme coerente com sua visão de cinema, com um claro posicionamento técnico, apesar de acreditar que a exclamação adicionada ao título do filme sugira alguns excessos.

O trabalho do diretor de fotografia é o que mais se destaca. É interessante como ele usa o foco e trabalha bem com filtros e cores para mostrar as fases da relação do casal – desde a ensolarada manhã sem nuvens da introdução até os tons mais negros que crescem ao desenrolar da narrativa. E na metade final do filme o brilho excessivo é utilizado em duas ocasiões diferentes para trazer ao público justamente as memórias do cotidiano do casal durante os primeiros minutos do filme.

As atuações de Bardem e Lawrence são pontos altos do filme. Os dois transformam um relacionamento entre homem e mulher em um diálogo sobre idolatria, obsessão e devoção. Neste sentido, aliás, a interpretação do conteúdo de Mother! é extremamente subjetiva, e acredito que isso interfira totalmente na opinião final do público. Para quem busca uma história sequencial, este é o tipo de filme que causa profunda irritação, já que este não é o objetivo do diretor. Sua própria adaptação da história de Jesus ou mesmo a visão de um cineasta sobre o processo de construção de um filme a partir de uma crítica social e cultural mostram o tipo de abertura dada por Darren Aronofsky.

A experiência final de Mother! definitivamente não é para todos (a simbólica nota F do prestigiado CinemaScore é a prova disso). Ainda que represente mais um fracasso comercial da Paramount, e consolide 2017 como um dos piores anos de sua história centenária (contando os vexames de Monster Trucks, Ghost in the Shell, Baywatch, e a bilheteria mais baixa de Transformers em The Last Knight) – é interessante ver um típico filme de estúdio abrindo espaço para discussões amplas que tornam-se possíveis a partir do final aberto. Para os fluentes em língua inglesa, o podcast recente Director's Guild of America contém uma excepcional conversa entre Darren e William Friedkin, com o tópico principal voltado para a análise da conjuntura religiosa a partir deste filme.

Mudbound (Mudbound: Lágrimas Sobre o Mississippi)

Mudbound (Mudbound: Lágrimas Sobre o Mississippi, no Brasil) estreou em Sundance 2017 com muita expectativa. Foram várias ofertas para comprar os direitos do filme nos Estados Unidos – e uma espécie de leilão entre A24, Annapurna e Netflix logo se formou, muito pelo fato de ser o longa com mais potencial para premiação do festival. Como a Netflix acabou adquirindo os direitos do filme na maior parte do mundo (a Diamond comprou o filme no Brasil) – uma grande questão surgiu: será que a Academia deixaria de lado este filme, assim como ocorreu como Beasts of No Nation – apenas pelo fato de ser um filme lançado diretamente via streaming, com lançamentos pontuais em NY e Los Angeles apenas para "cumprir tabela"? Com quatro indicações ao Oscar, incluindo a histórica nomeação de Rachel Morrison, primeira mulher a disputar o prêmio de melhor fotografia, Mudbound conseguiu quebrar a primeira barreira dentro da Academia na relação cinema – streaming. Adaptado do romance homônimo de Hillary Jordan, o filme dirigido por Dee Rees acumula erros e acertos ao longo de seus 130 minutos de duração.

Mississippi, década de 1940. O casal Henry e Laura (Jason Clarke e Carey Mulligan) tentam mudar de vida. Eles pensam que compraram uma fazenda, mas na verdade descobrem que devem viver em uma pequena casa e trabalhar para comer. Junto deles está Pappy (Jonathan Banks), o típico sulista racista comum nesse período. Na fazenda eles criam contato com a família Jackson, composta por Hap (Rob Morgan), Florence (Mary J. Blige) e seus quatro filhos, que sofrem diariamente com o preconceito. No contexto da Segunda Guerra Mundial, as duas famílias também partilham a esperança do regresso de seus queridos após a derrota do Eixo. Jamie (Garrett Hedlund), irmão de Henry, serviu como piloto, enquanto Ronsel (Jason Mitchell), filho de Hap e Florence, foi piloto de tanque.

A partir da volta dos dois heróis de guerra para casa existe uma grande reflexão sobre racismo na sociedade estadunidense na década proposta no recorte cronológico, ainda mais tendo em conta que o Mississippi historicamente foi um dos territórios mais racistas dos Estados Unidos. Ao mesmo tempo que Ronsel sente o novamente preconceito que não sentia na Europa, sua amizade com Jamie não é aceita por nenhum outro branco.

O drama das duas famílias, explícito em arcos narrativos secundários variados, unem-se em um final muito bem trabalhado. Dee Rees manteve pequenos erros históricos do livro original, mas o principal problema está na forma como conduz seu desfecho para tentar sustentar as expectativas criadas no epílogo. Ainda assim, existe um excelente trabalho de fotografia que merece ser destacado, ainda mais tendo em vista que estamos falando de um filme independente de baixo orçamento.

É impossível não traçar um paralelo direto entre filmes como Mudbound e clássicos como Places in the Heart (Um Lugar no Coração), por exemplo. Nos últimos anos, os diretores tentam ampliar o escopo de seus filmes para tratar também de questões políticas contemporâneas – o que é louvável. No entanto, isso não pode ser feito às custas do inchamento do roteiro. Faltou um pouco mais de objetividade para Mudbound ser o que Places in the Heart foi na sua década. NOTA: 7/10

On Body and Soul (Corpo e Alma)

On Body and Soul (Corpo e Alma, no Brasil) é um filme extremamente peculiar que, de certa forma, homenageia o próprio cinema húngaro. Muitos colegas estadunidenses analisam a crescente húngara como um fenômeno isolado. Compreendo que a falta de conhecimento sobre o cinema de lá seja absolutamente normal, dado o contexto de isolamento da década de 1970 e a péssima distribuição atual de home video dos clássicos. Mas sinto que devo analisar o nomeado ao Oscar de melhor filme estrangeiro a partir de uma rápida introdução sobre o cinema local para traçar paralelos que considero relevantes.

Após duas décadas de intenso controle do regime socialista sobre a produção de filmes e documentários, os anos 70 prometiam mudanças aos realizadores. Entre as propostas do kadarismo – o comunismo à húngara – estava uma afrouxamento da censura estatal e a liberdade criativa, que deixava de lado a obrigação de toda produção cinematográfica servir ao Estado com dramas que, de certo modo, retratassem a vida do proletariado. Vários diretores, portanto, tinham espaço para levar as telas suas histórias de forma pura, sem intervenção estatal. Miklós Jancsó, que construiu sua carreira até então servindo ao Partido Comunista com histórias que tinham pano de fundo acontecimentos extremamente relevantes na Hungria, passou a adotar o simbolismo como elemento central em sua narrativa, fato que lhe diferenciava de tantos outros diretores de sua geração. É notório que Jancsó influenciou diretamente algumas gerações de diretores húngaros que passaram a considerar a possibilidade de mudar o paradigma de seus filmes da realidade social bruta para um simbolismo subjetivo sutil.

Vejo em On Body and Soul (lançado no cinema doméstico com o título Teströl és lélekröl) uma mensagem da diretora e roteirista Ildikó Enyedi a estes diretores do passado.

O filme conta a história de uma curiosa relação entre Endre (Morcsányi Géza) – diretor de um matadouro – com Maria (Alexandra Borbély), inspetora recém contratada que apresenta tendência anti-social. Ele é um homem na casa dos 60 anos que diz ter encerrado qualquer possibilidade de relacionamento afetivo e parece ter se acostumado com seu braço paralisado. Ela demonstra uma grande inocência em seus curtos diálogos com os demais colegas, e seu comportamento metódico é alvo de brincadeiras e deboches.

Enyedi consegue construir uma história extremamente sólida a partir de elementos simbólicos (tratados no filme como sonhos) que ganham fundamental participação no desenrolar da trama e mesmo na sua interpretação. Cinematograficamente é impressionante o trabalho de fotografia e edição, e a partir disto existe o espaço para uma poesia refinada sobre um romance absurdo – ressaltando extremos como a crueldade e a afetividade.

Vejo no cinema de Ildikó Enyedi a mesma inteligência de diretores como Jancsó, propondo ao espectador uma ampla reflexão a partir de tópicos cotidianos que ganham corpo com o avanço da história. No caso deste filme analisado, a humanidade é o que mais se destaca, já que somos convidados a aceitar duas personalidades distintas que se unem graças a algo pitoresco (mas belo) em um ambiente de trabalho brutal (evidenciado por duas cenas pesadas de abate bovino).

Melhor longa na carreira de sua diretora, On Body and Soul também mostra como a Hungria está consolidando sua posição dentro do cinema europeu, com uma seleção anual de filmes fortíssima e muito melhor do que países com muito mais potencial comercial, como o próprio Brasil. A seleção que indicou On Body and Soul ao Oscar, por exemplo, teve uma lista também composta por 1945, de Ferenc Török, que não fica para trás de qualquer outro nome na lista da Academia deste ano. NOTA: 8/10

Phantom Thread (Trama Fantasma)

Paul Thomas Anderson é um diretor que busca fugir do convencional. Sua filmografia é constituída de filmes com roteiros complexos que privilegiam e destacam os protagonistas. Phantom Thread (Trama Fantasma, no Brasil) é apresentado como um longa de amor no meio da moda durante a década de 1950. Mas um olhar mais crítico ao filme indica um apelo enigmático do mesmo nível de The Master, que resulta em mais um excelente projeto com um papel memorável de Daniel Day-Lewis.

Reynolds Woodcock é um estilista de grande reputação entre a alta sociedade europeia. Com um temperamento típico de um workaholic, ele toca seu ateliê com sua irmã, Cyril (Lesley Manville). Entre rascunhos e escolhas de tecidos, certo dia, Reynolds encontra sua nova musa, Alma (Vicky Krieps) – garçonete que deixa tudo para trás para se mudar para a residência do estilista. Dois momentos fortes do relacionamento do casal marcam o andamento do roteiro: no começo, Alma adora experimentar vestidos e observar o processo criativo de Reynolds; com o tempo, no entanto, ela observa que é difícil lidar com uma pessoa tão distante e que dá tanta importância ao trabalho e a uma rígida rotina.

O desenrolar da trama mistura desejo e manipulação. Estes dois ingredientes, aliás, são necessários para o desenvolvimento dos dois personagens – seja para mostrar a força oculta de Alma, muito mais do que uma mulher disposta a seguir ordens, ou o encantamento de Reynolds.

Na parte técnica, o que mais chama a atenção é o trabalho de fotografia e o sincronismo da maravilhosa trilha sonora com o filme. Paul Thomas Anderson ocupou a direção de fotografia – apesar de não admitir publicamente- e é interessante observar como ele tenta afastar a imagem de um filme fashion esteticamente impecável com uma subexposição da imagem para gerar grãos e texturas. Junto da fumaça, o resultado foi de uma imagem final mais "velha", já que Paul acredita que imagens cristalinas acabam comprometendo a concentração. Este controle formal, em 35mm, é único e recompensador.

Daniel Day-Lewis diz que este foi seu último filme. Por mais que ainda acredite que o ator irá mudar de ideia nos próximos anos, Phantom Thread seria a chave de ouro para o encerramento de qualquer carreira ligada ao cinema. Mais uma vez Paul Thomas Anderson entrega um filme completo com várias possibilidades de análise para seu espectador. Excepcional! NOTA: 8/10

Roman J. Israel, Esq.

Gosto sempre de repetir na última leva de filmes da temporada que o mercado impõe algumas injustiças. Trabalho de marketing, datas de lançamento e visibilidade do público acabam deixando de lado ótimos longas. 2017, na minha visão, foi um ano com grandes lançamentos mas com uma janela de premiações extremamente feroz. Mas deslocar um filme da janela de final de ano nem sempre é uma boa ideia. A Ghost Story tentou a sorte no verão, mas não obteve sucesso. A A24 tentou o fator surpresa com The Florida Project, lançado em outubro – também sem sucesso. Mas o grande injustiçado da temporada 2017 – o que chamo de 'prêmio Inherent Vice' – foi Roman J. Israel, Esq, lançado em novembro e que não teve a chance de se provar por conta de um lançamento polêmico no Festival de Toronto.

Roman J. Israel (Denzel Washington) é um advogado que trabalha em um pequeno escritório. Dono de uma memória privilegiada e convicto de suas posições, também é um ferrenho defensor dos direitos civis. Após seu parceiro sofrer um derrame, seus herdeiros decidem pelo fechamento do escritório – deixando Roman sem emprego. Pela primeira vez em décadas Roman precisa buscar um novo trabalho – e nessa busca acaba conhecendo uma ativista (Carmen Ejogo) que se fica encantada com sua determinação. Roman aceita o convite para trabalhar com George Pierce (Colin Farrell), dono de um prestigiado escritório de Los Angeles, justamente por conta da pressão para ter alguma renda, mas após um de seus clientes ser assassinado ele passa a questionar seu instinto e suas crenças.

Muitos colegas dos Estados Unidos criticaram duramente o filme em novembro tendo em conta o que assistiram em Toronto, em setembro. No entanto, deixo claro que o diretor Dan Gilroy trabalhou com a Sony para remontar seu filme em dois meses, acatando parte das críticas. Doze minutos de cenas foram cortados, um subplot foi removido e uma reconstrução do personagem de Farrell foi encaminhada para levar ao público uma história mais coerente.

Gilroy teve uma estreia de luxo com Nightcrawler, e mais uma vez aposta no drama existencial para desenvolver um protagonista que entra em guerra consigo mesmo. Denzel – um dos melhores atores de sua geração – tem um estilo perfeito e que fecha completamente com a visão idealista de Roman. É curioso ver como o diretor consegue fixar seu estilo com apenas dois filmes: nos dois terços iniciais temos um estudo refinado sobre o personagem principal que leva o público a questionar as ações e o cotidiano de Roman – que deixou de lado a chance de ter um relacionamento ou uma família para lutar pelo que acreditava ser justo e correto. O ato final envolve fatores expostos nas primeiras tomadas e leva o espectador a realizar seu próprio julgamento moral através dos twists propostos.

É difícil lançar um filme em um festival e voltar para a sala de edição. Alguns colegas não aceitam isto de forma alguma por acreditar que no futuro os festivais acabem virando uma espécie de laboratório de testes de longas. Não se deixe enganar pelas notas da internet: "a versão final" de Roman J. Israel, Esq é extremamente sólida, e Denzel entrega uma das grandes atuações de sua carreira, merecidamente nomeada ao Oscar. NOTA: 8/10

Slava / Glory

O cinema da Bulgária está em fase de expansão. Desde a década de 1970, o governo de lá envia para a Academia filmes para consideração ao Oscar de longa estrangeiro – e nunca recebeu uma nomeação, apesar do investimento do federal. Slava (Glory) é a melhor aposta do país. Segundo filme da trilogia de realismo social dos diretores Kristina Grozeva e Petar Valchanov, a lenta construção da trama e as ótimas interpretações são diferenciais que explicam o motivo deste filme ser o longa búlgaro mais premiado da história.

A premissa é interessante, oportuna e sólida. A partir de um caso isolado, busca-se conexões que perambulam entre vários temas em discussão no país, desde a forte estrutura burocrática até a diferença de vida da cidade para o campo. Tsanko (Stefan Denolyubov) é um simples trabalhador que faz reparos na malha ferroviária. Certo dia, ele encontra uma grande quantidade de dinheiro – e para a surpresa de todos, decide chamar a polícia ao invés de recolher as notas e ir para casa. A partir disso, sua vida começa a virar um inferno, já que Julia (Margita Gosheva), líder da equipe de relações públicas do Ministério dos Transportes, organiza um evento para celebrar a honradez de Tsanko – na verdade apenas um meio de promover a imagem da organização, que transborda indícios de corrupção. De origem humilde e com problemas na fala, o relógio de seu pai é o único bem de afeição – e este é retirado dele durante uma premiação do governo, ocasião na qual o Ministro lhe presenteia com um relógio de pulso digital.

A narrativa é um belo exemplo de como é possível trabalhar bem com uma microhistória na tela do cinema. Quando Tsanko busca seu relógio antigo, ele entra ativamente na vida de Julia e acaba arranjando inúmeros problemas. Grozeva e Valchanov trabalham bem com a enorme diferença de vida de Julia e Tsanko, construindo um lento clímax que fecha a produção de forma surpreendente, mantendo o público preso na cadeira até o último minuto da rolagem dos créditos.

Dentre todos os filmes que assisti neste ano, Margita Gosheva entrega a melhor atuação de uma atriz, com um feeling extraordinário que mostra as várias faces de Julia. Glory é bom pois não busca ser mais do que pode oferecer. Os diretores propõem uma narrativa não-convencional, que foge muito do padrão imposto pelo cinema dos EUA e diferencia-se até mesmo dos demais países da Europa. Para o espectador paciente, a recompensa é sensacional. Parabéns para a distribuidora Pandora Filmes por trazer ao Brasil uma película da mais alta qualidade. NOTA: 7/10

Song to Song (De Canção em Canção)

Que grata surpresa assistir a um filme da qualidade de Song to Song (De Canção em Canção, no Brasil) em um mês bastante fraco nos lançamentos de filmes – tanto nos Estados Unidos quanto no Brasil. O novo longa de Terrence Malick proporciona ao espectador uma análise íntima da vida cotidiana de três personagens, com uma interessante discussão sobre amor e felicidade.

Na cena musical de Austin, um triângulo amoroso. Cook (Michael Fassbender) é um produtor bem sucedido que mantém uma relação atípica com Faye (Rooney Mara). A mulher, por sua vez, acaba se apaixonando (o amor verdadeiro, em suas palavras) pelo músico BV (Ryan Gosling), que torna-se um irmão para Cook. A romance de BV e Faye acaba gerando um conflito na medida em que seu passado com Cook vem à tona, fato que permite a inclusão de Rhonda (Natalie Portman) e Amanda (Cate Blanchett) na história.

Não deixe o título do filme lhe enganar. Song to Song está longe de ser um musical nos padrões tradicionais. A justificativa para o nome do filme é apresentada verbalmente em um poderoso diálogo (que inclusive faz parte do trailer) – e é fruto da criatividade de Terrence Malick, que consegue alinhar a ideia central expressa no título com os objetivos propostos pelo roteiro, também de sua autoria.

A assinatura de Malick pode ser vista com sua tradicional câmera solta, com os cortes rápidos e rápidas linhas de diálogo. A qualidade da produção é impressionante. Com o melhor diretor de fotografia da atualidade (Emmanuel Lubezki), Malick consegue explorar o drama existencial de suas três estrelas principais e abre espaço para outros nomes consagrados do cinema estadunidense entrarem na história sem deixar o arco narrativo principal de lado.

A ótima seleção musical faz jus ao excelente elenco, o que torna a experiência final de Song to Song maravilhosa para aqueles que conhecem a filmografia e o estilo do diretor. Não é uma história contada na forma usual, e exige muita atenção do espectador para captar pequenos detalhes que possuem alto impacto no desfecho do filme. Excepcional projeto! NOTA: 8/10

Star Wars: Episode VIII – The Last Jedi (Star Wars: Os Últimos Jedi) – 2017

Obviamente Star Wars: Episode VIII – The Last Jedi (Star Wars: Os Últimos Jedi, no Brasil) era um dos filmes mais aguardados deste ano. Não apenas pelo que representa a franquia para o cinema e para a cultura geral, mas também pelas inúmeras questões deixadas em aberto no episódio anterior.

Rey (Daisy Ridley) finalmente encontra Luke Skywalker (Mark Hamill). Ela deseja ser treinada para se tornar uma Jedi, mas a experiência de Luke com Ben Solo/Kylo Ren (Adam Driver) toma conta de seus pensamentos. Além de prosseguir com esse arco narrativo, também testemunhamos a caçada do General Hux (Domhnall Gleeson) aos últimos rebeldes, que ainda tentam uma sobrevida graças a liderança de Leia (Carrie Fisher) e Poe Dameron (Oscar Isaac). Para tentar surpreender a Primeira Ordem, uma missão secreta é conduzida por Finn (John Boyega) e Rose (Kelly Marie Tran).

Rian Johnson, diretor desta produção, é um grande fã de Star Wars. Nota-se sua paixão pela história e pelos personagens em qualquer entrevista. A aposta, no entanto, foi arriscada. Johnson provou seu potencial dirigindo o episódio Ozymandias, da série Breaking Bad, que considero como o melhor capítulo de uma série de TV apresentado até hoje, mas o hiato de quatro anos na sua carreira certamente diz algo. Por qual motivo ele não trabalhou neste período? Obviamente seria muito mais seguro e coerente manter J. J. Abrams, que atuou como produtor executivo neste episódio, mas entregar direção e roteiro para uma figura pouco conhecida não condiz com o tamanho da franquia.

Digo isto pelo fato de que existem erros grosseiros na condução de Star Wars. Um punhado de cenas editadas porcamente (com cortes vergonhosos) e uma frustração que ganha forma na metade final do filme. Star Wars tem tantas histórias paralelas, tantos personagens e tantas possibilidades de abertura que torna-se incompreensível gastar um tempo precioso de tela com detalhes que poderiam tranquilamente figurar em uma versão estendida (que, por sua vez, será bem vinda para ampliar cenas que realmente deveriam ter sequência, especialmente as que giram em torno do personagem de Benicio del Toro, que deveria ter sido acionado com mais vigor).

As atuações são boas, e todas as cenas com Carrie Fisher emocionam, obviamente. A ligação entre Adam Driver e Daisy Ridley é o ponto alto deste episódio.

The Last Jedi, em última análise, preocupa-se muito mais em estabelecer o cenário do próximo e decisivo episódio da franquia do que construir a partir do filme anterior. Com CGI de ponta, deve receber indicações ao Oscar nas categorias técnicas. Talvez a recepção negativa de parte dos fãs faça J. J. Abrams mudar certos eixos. NOTA: 7/10

T2 Trainspotting

Qualquer levantamento sério sobre o cinema da década de 1990 vai considerar Trainspotting como um dos grandes sucessos do período – seja na questão comercial ou de impacto cultural. A adaptação original do livro de Irvine Welsh é precisa, relevante e extremamente sagaz. Talvez por este motivo alguns fãs do cinema cult posicionaram-se contra uma segunda entrada – vinte anos mais tarde. O medo de estragar um clássico do cinema cult contemporâneo certamente pesou na balança. A boa notícia é que T2 Trainspotting não apenas resgata a ótima parceria do diretor Danny Boyle com o roteirista John Hodge, mas também demonstra laços impecáveis de maturidade ao conduzir a história dos quatro protagonistas de forma satisfatória para a proposta apresentada.

Renton (Ewan McGregor) retorna para Edimburgo para fazer as pazes com dois dos três amigos que ele roubou no final do último filme. Spud (Ewen Bremner) não conseguiu parar com o seu vício em heroína e Simon, o Sick Boy (Jonny Lee Miller), controla um pub em decadência e vive de pequenos golpes para sustentar sua namorada, a búlgara Veronica (Anjela Nedyalkova).

Com o mesmo toque de humor negro e refinado do original de 1996, é hilário observar a interação dos personagens com Begbie (Robert Carlyle), que foge da prisão e busca acertar as contas com Renton. Também chama a atenção o trabalho em torno da ambientação dos protagonistas em torno dos avanços tecnológicos – como celulares e redes sociais. O roteiro em si não é perfeito, e o encontro dos amigos abusa do instante decisivo. Neste sentido, acredito que Boyle guarde consigo algum corte do diretor para apresentar no lançamento em home video, já que alguns conteúdos infelizmente são deixados de lado.

T2 Trainspotting é um filme que aos poucos torna-se incompreensível ao público que não prestigiou seu antecessor. Isto é uma demonstração de respeito por parte de Boyle com os fãs do longa original e de Welsh, já que o roteiro amarra com crescente profundidade histórias do passado com o presente – e isto fica claro no ato final, cuja presença de Begbie torna-se fundamental. Muito acima da média de filmes do mesmo gênero, é uma produção que não decepciona e deixa um campo aberto para um novo filme no futuro. NOTA: 7/10

The Breadwinner

O estúdio de animação irlandês Cartoon Saloon tem um problema: ao propor animações com histórias voltadas também ao público adulto, suas produções acabam sofrendo com péssimos resultados de bilheteria nos EUA e na Europa, dependendo de contratos de distribuição por streaming para não sair no prejuízo. Olhando friamente, é injusto observar como a dinâmica do mercado atual favorece muito mais quem coloca nas telas histórias bobinhas caça níquel (como The Boss Baby) do que projetos que possam realmente ensinar crianças sobre diferentes culturas e até mesmo fazer a aproximação com a literatura. Indicado ao Oscar, The Breadwinner parece seguir os mesmos passos dos dois filmes anteriores do Cartoon Saloon (The Secret of Kells e Song of the Sea), mas com a certeza de que oferece ao público uma história muito bem desenvolvida.

Adaptação na novela homônima escrita por Deborah Ellis, The Breadwinner consegue transitar com sucesso entre a mágica que só nas animações conseguem proporcionar junto da seriedade do contexto abordado. Parvana (voz de Saara Chaudry) é uma menina afegã que vê sua vida mudar drasticamente após a prisão de seu pai pelo Talibã, sem razão aparente. Em uma sociedade onde a mulher é deixada em último plano, a solução que a jovem encontra para alimentar sua mãe e seus irmãos é cortar seu cabelo e utilizar trajes masculinos para tentar a sorte nas ruas de Kabul.

Com direção de Nora Twomey (uma das fundadoras do estúdio) e produção executiva de Angelina Jolie, a Cartoon Saloon consegue com The Breadwinner a impressionante marca de três indicações ao Oscar nos seus três projetos. O que mais encanta no filme é a honestidade com o impacto de Parvana na sociedade: apesar da jovem conseguir cumprir seus objetivos, fica claro que estes são mínimos e que não afetam a dinâmica de poder de um regime fundamentalista.

Animação em 2D linda – o ciclo da guerra e do medo são explorados com muita segurança – The Breadwinner tentará sorte melhor no circuito europeu a partir de maio de 2018. NOTA: 7/10

The LEGO Batman Movie

É difícil para um filme carregar o peso de ser a segunda entrada em sua franquia. Isso ocorre geralmente pelas enormes expectativas combinada com um marketing direcionado para trazer ainda mais espectadores ao cinema com a promessa do mesmo padrão de qualidade. The LEGO Batman Movie tem seus pontos altos, mas não chega perto de manter a efetividade de seu antecessor, uma das grandes animações da história.

Nessa aventura, Batman (dublado pelo espetacular Will Arnett) enfrenta problemas para lidar com seus rivais em Gotham após o Coringa (Zach Galifianakis) sofrer um colapso emocional ao saber que o cavaleiro das trevas não lhe considera como seu principal inimigo. Todos os vilões se entregam para a nova comissária, Barbara (Rosario Dawson) e o herói fica sem nada para fazer. Quando ele adota um menino (Michael Cera) após insistência de Alfred (Ralph Fiennes), a vida começa a fazer mais sentido para Bruce Wayne.

Nos primeiros trinta minutos, LEGO Batman é extremamente original e irreverente. O tom de paródia, que fica claro desde a apresentação do logo da Warner, é bem trabalhado, e praticamente todos grandes personagens do Universo D.C têm pelo menos uma pequena participação no filme. O diretor Chris McKay faz vários tributos as várias encarnações do personagem no cinema, nos quadrinhos e na televisão e gera um bom conteúdo para o público.

O grande problema começa a partir do momento em que a animação propõe focar diretamente em uma narrativa com pouca estrutura. Vilões de Gotham são soltos, outros vilões ameaçam a cidade e tudo vira uma bagunça. Alguns artifícios de roteiro são utilizados para tentar apagar as impressões negativas deixadas nos minutos finais, mas o resultado final não é muito agradável. Fica claro que McKay e sua equipe não tiveram liberdade total para moldar uma história que se desprendesse das convenções clássicas. A tentativa forçada de encaixar um começo, meio e fim acaba estragando a sátira maravilhosa das cenas anteriores, e as piadas perdem força na medida em que o filme avança.

Talvez um dos grandes acertos da Warner tenha sido optar mais uma vez pelo posicionamento da animação em fevereiro, garantindo a maior bilheteria do mês. LEGO Batman Movie não chega a ser uma decepção, já que é muito bem produzido, mas sofre em uma comparação direta com o filme LEGO de 2014. NOTA: 7/10

The Killing of a Sacred Deer (O Sacrifício do Cervo Sagrado)

Yorgos Lanthimos viu The Lobster, seu primeiro filme fora da Grécia, ser indicado ao Oscar de melhor roteiro original e experimentar relativo sucesso no mercado internacional, ainda que as datas de distribuição do filme tenham sido esticadas (estreou em Cannes 2015, lançado no Reino Unido em outrubro/15 e nos EUA apenas em maio/16). Era de se esperar, portanto, que sua nova produção conseguisse despertar o mesmo interesse. Lanthimos sempre optou em sua carreira pelos caminhos mais difíceis e justamente sua proposta narrativa pouco usual que lhe abriu as portas do complicado cinema de sua terra natal. The Killing of a Sacred Deer (O Sacrifício do Cervo Sagrado, no Brasil) mantém o mesmo ritmo de The Lobster e sua montagem e proposta é tão interessante que afirmo que estamos diante do melhor filme de Lanthimos até aqui.

Mantendo o tom sarcástico que busca os absurdos do cotidiano burguês, com elementos de roteiro que lembram muito Luís Buñuel, acompanhamos a relação entre o cirurgião Steven (Collin Farrell), com Martin (Barry Keoghan), adolescente problemático que não conseguiu superar a morte de seu pai. Steven atua como um tutor, mas tenta trazer a felicidade em Martin através de presentes, demonstrando um claro sentimento de culpa. Com uma família perfeita, em uma casa perfeita que dispõe de todo luxo possível, tuod começa a mudar quando Steven decide convidar Martin para conhecer sua mulher, Anna (Nicole Kidman), e seus filhos (Raffey Cassidy e Sunny Suljic). A partir deste ponto existe uma transição narrativa que deixa de lado o racional para adicionar elementos externos.

Uma análise interpretativa de The Killing of a Sacred Deer acaba se tornando uma tarefa interessante. É muito provável que o espectador desenvolva ao longo da exibição diversas teorias para explicar tópicos abertos da história que não teriam uma resposta lógica aceitável. É aqui que Lanthimos demonstra toda sua capacidade de conduzir um filme como poucos: mantendo um nível de tensão e imprevisibilidade, o diretor e roteirista (créditos também para seu parceiro de longa data, Efthymis Filippou) conseguiu trazer ao cinema uma excelente adaptação contemporânea de Ifigénia em Áulide, de Euripides, que explica o estranho título do filme.

Mais uma vez a atuação de Farrell merece menção de destaque. Até determinado momento da trama, poderíamos muito bem analisar o filme a partir do narcisismo do cirurgião, que acredita estar um passo acima dos demais. Quando a personagem de Kidman passa a ganhar mais tempo de tela, a química do casal é natural. O suspense é carregado também por uma trilha sonora marcante, de tons fortes, essenciais para imersão no estranho mundo criado pelo diretor.

Premiado em Cannes com o prêmio de melhor roteiro, desta vez os produtores conseguiram posicionar o filme na mesma janela de lançamento no Reino Unido e nos EUA, na expectativa de nomeações para premiações relevantes, que infelizmente não ocorreram. Mesmo assim a marca de Lanthimos dentro do cinema europeu já está consolidada. A prova disso é que seu novo filme, The Favourite, estrelado por Emma Stone, Olivia Colman e Rachel Weisz já teve seus direitos comprados pela Fox Searchlights e tem previsão de estreia ainda em 2018. NOTA: 8/10

The Post

Neste ano o jornal The Washington Post estreou seu novo motto, "Democracy Dies in Darkness", alvo de polêmica nos Estados Unidos pela guerra da grande mídia com o presidente Donald Trump. A liberdade de imprensa e a necessidade de discutir fatos internos do governo estadunidense abrem espaço para uma questão complexa: qual o limite da informação? Mais: a mídia pode divulgar arquivos secretos? Novo filme de Steven Spielberg, The Post (The Post – A Guerra Secreta, no Brasil) coloca na tela do cinema a história por trás da publicação dos Pentagon Papers, com foco especial para o jornal mencionado no título do filme. Com uma pegada muito próxima a Spotlight, o filme tem forte apelo pela facilidade de traçar um paralelo com o que ocorre atualmente nos Estados Unidos, especialmente na questão referente ao vazamento de informações.

1971: Daniel Ellsberg vaza o estudo feito por acadêmicos ligados ao Departamento de Estado sobre o envolvimento do país na guerra do Vietnã (Pentagon Papers) para o jornal The New York Times. A matéria de capa no jornal acaba criando forte desconforto dentro da administração Nixon, que processa o jornal por divulgar informações secretas. Kay Graham (Meryl Streep), dona do The Washington Post, acaba se envolvendo nesta batalha jurídica quando seu diretor executivo, Ben Bradlee (Tom Hanks), pressiona pela publicação dos arquivos no jornal, já que o jornalista Ben

Bagdikian (Bob Odenkirk) conseguiu mais de quatro mil páginas junto de Ellsberg.

Este tipo de filme deve ser tratado com uma atenção especial, já que é provável que o posicionamento político dos produtores acabe afetando a narrativa. Neste caso, o governo Nixon obviamente é classificado como vilão, seja por entrar na disputa na Suprema Corte contra os dois jornais que publicaram matérias de capa sobre o tema ou mesmo pelas conversas de bastidores que condenavam as ações de Graham (são usadas gravações do ex-presidente). Do ponto de vista histórico, é ótimo ver um investimento alto em um filme sobre um caso que marcou época nos Estados Unidos mas que até hoje não ganha o tratamento que merece nos livros de história, talvez pelo Watergate (inclusive a conclusão do filme deixa clara essa ligação).

Streep e Hanks mais uma vez fantásticos. Não apenas pelo trabalho que os deixou idênticos aos personagens que interpretam, mas pela forma como conduzem a trama. Eles se completam: Hanks abusa da emoção justamente pela paixão pelo que Bradlee fazia enquanto Streep segura o eixo racional, conduzindo os dois clímax deste filme que envolvem grandes decisões.

Ao escrever sobre Bridge of Spies, destaquei como é fácil alterar informações para criar uma história bela e emocionante para emocionar o público. Desta vez existe um comprometimento claro com a história real, que pode ser comprovada tanto pelas memórias de pessoas que participaram da intriga real, como Graham ou mesmo Ellsberg, ou pela própria análise da conjuntura. Spielberg opta, no entanto, por deixar várias lacunas abertas. Apesar destas não influenciarem diretamente na continuidade, certamente será empecilho para uma análise aprofundada do que é apresentado aqui para quem nunca ouviu falar no caso. Não existe, por exemplo, uma postura crítica ao governo Johnson e Bob McNamara (Secretário de Defesa na década de 1960) é um mocinho. A principal falha, no entanto, foi não ter explorado mais sobre a documentação. Fora dois ou três closes nas notícias de capa, o público tem que ir para o cinema com um conhecimento prévio do assunto para entender a dimensão e complexidade deste caso. Do ponto de vista técnico, é louvável o esforço da fotografia de Janusz Kaminski, um dos maiores de todos os tempos.

The Post obviamente brigará pelos grandes prêmios da temporada. Um filme rico, que pode facilmente ser absorvido pelos professores de história para tratar sobre os assuntos mencionados na introdução desta crítica, obviamente apoiado por leituras complementares. NOTA: 7/10

The Square

Ruben Östlund provou ser um dos grandes diretores da nova geração nórdica com Force Majeure, excelente filme original que concorreu com méritos ao Oscar (e entrou na minha lista dos melhores de 2014). The Square, vencedor da Palme d'Or, conquistou Toronto e é o franco favorito a disputa do prêmio da Academia deste ano na categoria de longa estrangeiro. Com duas horas e meia de rodagem, Östlund apresenta uma trama carregada de humor negro a partir de um ciclo de decisões ruins que ganham força com a progressão do roteiro.

A base do filme é relativamente simples: Christian (Claes Bang) é curador de um importante museu e está organizando os últimos detalhes da nova exposição, que dá título ao filme. Enquanto se dirigia ao trabalho, ele cai em um golpe e seu celular é furtado. Sua carta na manga, no entanto, é um aplicativo que rastreia o celular e diz sua localização exata. Após descobrir que o telefone encontra-se em um complexo residencial, ele escreve uma carta ameaçando os ladrões e as coloca em cada apartamento do edifício.

Assim como o espetacular Force Majeure, temos aqui um prato cheio para a análise do protagonista, privilegiando uma sátira social de lenta construção, adicionando solidez aos diálogos e a história. Desta vez Östlund apostou numa integração maior com produtores do resto da Europa e dos EUA. Para tornar o filme mais atraente, pelo menos do ponto de vista de distribuição internacional, foi feita uma interessante escolha de destacar Elizabeth Moss – e sua personagem realmente entra na história como peça fundamental para destrinchar o senso de superioridade de Christian.

Dentro da ambiciosa ideia central do filme, temos campo para explorar cotidiano, sexo e até mesmo discussões morais. Aliás, é nos detalhes e nas cenas prolongadas que temos a certeza de que o diretor decidiu levar as telas a experiência completa do que imaginou nesta produção. Uma longa tomada de sexo e uma briga por conta de uma camisinha são a prova disso.

The Square, em meio a uma sinfonia de absurdos prazerosos, deixa várias mensagens subliminares sobre o mundo da arte e a relação de poder e cultura. Assim como a tão discutida arte pós-moderna, o espectador não encontrará respostas de bandeja para os questionamentos que ficam em aberto a partir do rolar dos créditos. Assistir e compreender The Square demanda uma boa dose de paciência. Mas a experiência final, garanto, é recompensadora. NOTA: 7/10

The Wizard of Lies (O Mago das Mentiras)

A HBO mantém o domínio dos filmes feitos para a TV. A cada ano que passa a gigante investe mais dinheiro e cria conteúdos de altíssima qualidade para o público. The Wizard of Lies (O Mago das Mentiras, no Brasil) é um filme provocante, que tenta trazer mais detalhes sobre uma história que chocou os Estados Unidos. Também pode ser uma tentativa de retomada para o diretor Barry Levinson – que completava duas décadas sem um longa marcante – em uma parceria com Robert De Niro, seu amigo de longa data.

Bernie Madoff (De Niro) foi responsável pela arquitetura do maior esquema Ponzi conhecido até os dias atuais. Com um histórico impecável no mercado financeiro, mais de 65 bilhões de dólares foram roubados de clientes ao redor do mundo que pensavam ter feito ótimos investimentos. Sua queda – e consequente prisão – é tratada a partir de uma mistura de rápidos *flashbacks* com a análise de sua vida pessoal, especialmente na relação com seus filhos e com sua esposa, Ruth (Michelle Pfeiffer).

A quebra de confiança é o tema central. De Niro volta aos velhos tempos, com uma atuação de luxo que questiona desde o primeiro minuto o valor da honestidade. Neste sentido, é interessante notar que tudo é feito de forma bem mais madura do que o seriado Madoff, recentemente transmitido pela rede ABC. O melhor de The Wizard of Lies está na sua preciosa tomada final, quando De Niro solta uma pergunta relacionada a personalidade de Bernie Madoff e rola os créditos ao mesmo tempo que deixa a cabeça de seu público cheia de perguntas sobre suas decisões e seu destino. Minha recomendação, neste caso, é a leitura do livro homônimo escrito pela jornalista Diana B. Henriques, publicado nos Estados Unidos em 2011. É o melhor complemento possível para esta produção.

A repercussão positiva – que já podia ser constatada na HBO durante as sessões internas do filme – fez com que Levinson fosse chamado para dirigir mais um filme que estreará em 2018. Happy Valley contará a história de Joe Paterno, também envolvido em um escândalo que dominou os noticiários estadunidenses. e marcará a reunião do diretor com outro velho parceiro, Al Pacino. NOTA: 8/10

The Zookeeper's Wife (O Zoológico de Varsóvia)

The Zookeeper's Wife (O Zoológico de Varsóvia, no Brasil) seria lançado no final de 2016 – mas foi adiado pela Focus Features pelo fato de não ser 'produto para Oscar', ao contrário das expectativas iniciais. Por conta da minha formação acadêmica na área da história, fiquei extremamente preocupado: será que a diretora Niki Caro havia estragado uma história extremamente relevante e emocionante, que poderia ser usada como ponte para estudos avançados sobre temas complexos como o Holocausto? Essa questão rondou meus pensamentos até os minutos iniciais do filme, quando entendi perfeitamente a justificativa da Focus para o adiamento.

Adaptado do poderoso livro homônimo de Diane Ackerman (que recomendo fortemente a leitura), a história mostra como Jan Zabinski (Johan Heldenbergh) e sua esposa, Antonina (Jessica Chastain), abrigaram centenas de pessoas perseguidas pelos alemães durante a Segunda Guerra Mundial no zoológico de Varsóvia. O antagonista é Lutz Heck (Daniel Brühl), principal zoólogo do Terceiro Reich.

The Zookeeper's Wife não é um filme ruim. O grande problema está na forma como é conduzida a questão temporal do filme. O dia 1 de setembro de 1939 foi marcante na capital polonesa por conta do ataque surpresa alemão – e a destruição do zoológico, contada com detalhes no filme, toma um tempo de tela extremamente curto. Com a necessidade imposta pelos produtores de Hollywood de gerar filmes com no máximo duas horas de rodagem, vários detalhes acabam sendo cortados – e por isso não coloco toda a carga de culpa na diretora.

Só que a complexidade do caso acaba gerando uma série de pequenas distorções, que não são graves, mas necessárias para o andamento. Por mais de duas vezes, por exemplo, um ano inteiro é contado em menos de dois minutos, em cenas que criam mais questões ao invés de resolvê-las. A interessante ambientação não esconde a estranheza com os sotaques forçados de Chastain. Até mesmo o inglês de Brühl soa estranho – e a mistura de frases em alemão em momentos decisivos certamente não foi a decisão mais acertada.

Ainda assim, a fotografia é bem interessante e os tópicos secundários (como o Gueto de Varsóvia) tem uma contextualização favorável. Isso torna The Zookeeper's Wife muito interessante. Cumpre o objetivo de apresentar uma história incrível ao público, com ótima atuação de Chastain. NOTA: 7/10.

Three Billboards Outside Ebbing, Missouri (Três Anúncios Para um Crime)

Um dos maiores sucessos do circuito independente de 2017, Three Billboards Outside Ebbing, Missouri (Três Anúncios Para um Crime, no Brasil) é o tipo de filme que consegue encaixar discussões cotidianas sobre assuntos polêmicos com a mesma efetividade que avança sua própria história. Com direção de Martin McDonagh, o destaque total é para Frances McDormand, em uma das atuações mais espetaculares dos últimos tempos no cinema.

Sete meses atrás, Mildred (Frances McDormand) perdeu sua filha, vítima de um brutal crime que abalou a cidade. Como o caso estava sendo deixado de lado pela mídia e pela própria polícia, ela decide alugar três outdoors para pressionar o xerife (Woody Harrelson), que aparentemente não se incomoda com a situação. No entanto, os policiais locais exigem a remoção da provocação, e Dixon (Sam Rockwell) mostra-se exaltado pelo desrespeito com a corporação.

Three Billboards é o tipo de filme que realmente prende o espectador pelo desenvolvimento impecável. O vasto elenco de atores coadjuvantes ajuda McDormand, que não sente o peso de carregar o longa nas costas. Muito pelo contrário, ela dá vida e assume um papel de anti-heroína que estava em desuso neste século. Fugindo do politicamente correto, Mildred é exemplo de mulher batalhadora que acredita nas suas convicções e não teme nada.

Racismo e abuso de poder, por exemplo, são dois temas que poderiam ser isolados na narrativa e dariam margem para ótimas análises. O cotidiano de Ebbing parte do micro para o macro, mostrando como um pequeno episódio pode alterar a rotina de várias pessoas e desencadear reações inesperadas. A composição sonora original de Carter Burwell é a minha favorita desta temporada, mantendo um ritmo padronizado e original do crédito inicial até o rolar dos créditos finais.

O ponto alto criado por McDonagh está na construção de um final inteligente, que convida o espectador a tirar suas próprias conclusões. É mérito do filme, que cria um forte vínculo emocional a partir do trauma do assassinato da filha de Mildred e também com a própria protagonista. Com distribuição da Fox Searchlights, obviamente Three Billboards Outside Ebbing, Missouri credencia-se para a disputa das principais categorias do Oscar, do Globo de Ouro e do Spirit Awards. NOTA: 8/10

Una Mujer Fantástica (Uma Mulher Fantástica)

Vencedor do Urso de Prata do Festival de Berlim (roteiro) e candidato do Chile ao Oscar de filme estrangeiro, Una Mujer Fantástica (Uma Mulher Fantástica) é um excelente retrato de um drama social que poderia ocorrer em qualquer lugar do mundo, montado a partir de uma sólida construção feita pelo diretor Sebastián Lelio, contando com uma atuação de luxo de sua protagonista.

Marina (Daniela Vega) e Orlando (Francisco Reyes) estão apaixonados.

Apesar da diferença de idade, eles fazem planos, vivem juntos e planejam o futuro. Após um jantar romântico, Orlando passa mal, chega a ser levado ao hospital por Marina, mas acaba falecendo por conta de um aneurisma. É com a morte de Orlando que testemunhamos as dificuldades de uma mulher trans na sociedade extremamente conservadora, onde a perseguição, desconfiança e nojo estão acima de tudo.

O ponto alto do filme de Lelio está na segurança com que caminha entre as ruas do preconceito de Santiago (mas que poderia ser em qualquer cidade do mundo). O filme dosa bem seus eixos narrativos, alternando o drama pessoal de Marina no inferno criado pelos familiares de Orlando – que não aceitavam o relacionamento – com sua luta para realizar seus sonhos. A partir da fotografia de Benjamín Echazarreta, temos vários close-ups que tornam-se essenciais para mostrar a forma como Marina busca enfrentar a intolerância.

A atuação perfeita e segura de Daniela Vega vira o principal atrativo para essa produção. Com boas linhas de diálogos e espaço de sobra para brilhar, a atriz teve ao seu lado um roteiro extremamente eficaz que toca em algumas feridas abertas e pouco discutidas no mundo contemporâneo, onde o pré-julgamento é visto como uma ferramenta válida em situações cotidianas.

Una Mujer Fantástica terá os cuidados da Sony em sua distribuição internacional. Mesmo cheio de méritos, considero difícil sua inclusão na lista final do Oscar, muito pelo próprio preconceito da comissão da Academia. De qualquer forma, estamos falando de um dos melhores filmes recentes do cinema chileno e da consolidação de Lelio como um nome de peso. Ótima pedida para uma reflexão. NOTA: 7/10

War Machine

A guerra interminável. War Machine é mais um retrato dos Estados Unidos na guerra do Afeganistão. Só que sem a pressão dos estúdios tradicionais e com amplo aval da Netflix para discussão de alguns tópicos obscuros, o longa dirigido por David Michôd mostra a expansão dos serviços de streaming em mais um capítulo da discussão sobre o estado atual do cinema.

War Machine é baseado no livro The Operators, lançado pouco tempo após a morte do jornalista Michael Hasting, que trabalhou em uma matéria para a revista Rolling Stone que acabou com a carreira militar do General Stanley McChrystal, líder da Força Internacional de Assistência para Segurança no Afeganistão. No filme, McChrystal vira Glen McMahon (Brad Pitt), com uma curiosa personalidade que desperta polêmica tanto nos EUA quanto em seus comandados.

Com uma boa dose de humor, apenas um quinto do filme é reservado para cenas de combate. O que interessa aqui é analisar a estruturação do exército americano, especialmente no que diz respeito aos lobbys de diversas esferas de influência que pediam pela diminuição do número de soldados dos EUA no conflito. Brad Pitt tem uma atuação destacada ao conseguir fazer com que seu personagem absorva os dramas cotidianos causados pelo stress de seus comandados.

Glen McMahon é um homem metódico que tem plena convicção do que busca. Ambientado logo no primeiro ano do governo Obama, a postura completamente diferente da guerra imposta pelo democrata quando comparado a W. Bush vira alvo de críticas: na visão de Glen, de nada adiantaria anos e anos de guerra se os EUA realmente optassem por deixar o Afeganistão e abrir terreno para grupos radicais como a Al-Qaeda recrutar pessoas que anteriormente eram suas protegidas.

Em todo este clima, o destaque vai para a fotografia que reflete tons parecidos com os vistos em Three Kings, alternando muito bem o deserto com os ambientes fechados. Vários subplots são lançados ao longo das duas horas de duração: aos poucos, além do repórter de Rolling Stone, o presidente afegão Hamid Karzai (Ben Kingsley), uma jornalista europeia (Tilda Swinton) e até mesmo um jovem fuzileiro (Lakeith Stanfield) que questiona as ordens recebidas mostram a transição do próprio Glen, que aos poucos vê que todo seu caráter militar foi construído em cima de uma propaganda de guerra articulada pelo poder executivo.

War Machine sustenta-se em bases sólidas. Desperta a curiosidade do público para procurar mais sobre a história real de McChrystal e fecha com um ótimo cameo que dá uma pista para uma possível sequência. Um acerto maravilhoso da Netflix! NOTA: 8/10

Wonder (Extraordinário)

Em determinado momento de 2017, Wonder (Extraordinário, no Brasil) foi o filme com maior número de trailers rodados durante o ano. O alto investimento de marketing da Lionsgate era justificado pelo elenco estrelado e pelo drama que poderia arrastar pessoas de diferentes faixas etárias ao cinema, atrás de experiências e percepções diferentes sobre a história adaptada do livro homônimo de R. J. Palacio.

Auggie (Jacob Tremblay) nasceu com uma doença congênita que o levou a mesa de cirurgias 27 vezes em 10 anos. Após ser educado por sua mãe, Isabel (Julia Roberts), a família decide que Auggie deve sair do ninho e entrar para a escola para dar continuidade na sua formação básica. Vários são os empecilhos: apesar de Auggie ter plena consciência de que seu rosto causa pena e estranheza nas pessoas, sua rotina na escola acaba sendo afetada pela forma como ele é recebido. Aos poucos, no entanto, Auggie fica aberto a novas amizades e supera alguns de seus medos.

O que mais gostei do filme dirigido por Stephen Chbosky, também responsável pela adaptação do roteiro, foi que em nenhum momento existe um vitimismo que coloca a história do protagonista como digna de pena. Muito pelo contrário, a mensagem final é positiva. Ressalto isso pois acredito que Chbosky tinha em mãos um material perfeito para manipular seu público para tornar este filme um marco do tearjerker contemporâneo. Mas a adição de um traço de humor muito bom foi essencial para quebrar essa sensação, já que a condução propõe discutir bullying e diferenças – no sentido mais amplo desta palavra.

Indicado ao Oscar de melhor maquiagem, obviamente este ponto é um dos que mais surpreende. O trabalho de edição também é positivo, mas o que quebra, em parte, o desenvolvimento da trama é a mal articulada história secundária de sua irmã, Via (Izabela Vidovic) – que tenta buscar seu próprio espaço mas não tem contexto e tempo suficiente para avançar e prosperar.

Wonder, além de ser um filme interessante pela história principal, também deve ser um ótimo material de apoio em determinadas áreas acadêmicas – especialmente na medicina e na psicologia. Mérito para a Lionsgate pela aposta na história e para o diretor Stephen Chbosky por acreditar em uma produção sólida sem forçar o melodrama. NOTA: 7/10

SOBRE O AUTOR

Waldemar Dalenogare Neto tem formação acadêmica na área da História (Graduação, Mestrado e Doutorado) e pós-graduação em cinema. Premiado com duas *summa cum laude*, é o crítico de cinema do Brasil com maior número de publicações anuais, além de ser um dos brasileiros credenciados pela Academia para cobertura anual do Oscar.

www.ingramcontent.com/pod-product-compliance
Lightning Source LLC
Chambersburg PA
CBHW070207230526

45471CB00002B/857